JOCHEN HOFMANN

**Das Gleichberechtigungsgebot des Art. 3 Abs. 2 GG
in Rechtsprechung und Lehre**

Schriften zum Öffentlichen Recht

Band 508

Das Gleichberechtigungsgebot des Art. 3 Abs. 2 GG in Rechtsprechung und Lehre

Von

Jochen Hofmann

DUNCKER & HUMBLOT / BERLIN

CIP-Kurztitelaufnahme der Deutschen Bibliothek

Hofmann, Jochen:
Das Gleichberechtigungsgebot des Art[ikel] 3 Abs[atz] 2 GG in Rechtsprechung und Lehre / von Jochen Hofmann. — Berlin: Duncker und Humblot, 1986.
   (Schriften zum Öffentlichen Recht; Bd. 508)
   ISBN 3-428-06061-X

NE: GT

Alle Rechte vorbehalten
© 1986 Duncker & Humblot GmbH, Berlin 41
Gedruckt 1986 bei Berliner Buchdruckerei Union GmbH, Berlin 61
Printed in Germany
ISBN 3-428-06061-X

Vorwort

Die vorliegende Untersuchung erfolgte in Fortführung des auf der 22. Tagung der wissenschaftlichen Mitarbeiter der Fachrichtung Öffentliches Recht in Tübingen im Februar 1982 gehaltenen Referats, das in dem von *Lutz Frauendorf* herausgegebenen Tagungsband nur zum Teil abgedruckt werden konnte. Das abgedruckte Referat gab damit nicht die Auseinandersetzung mit der fachgerichtlichen Rechtsprechung auf den Gebieten des Arbeits-, Sozial-, Familien- und Eherechts wieder, die Gegenstand der Tübinger Tagung war.

Die zum Teil in die 50er und 60er Jahre zurückreichende Rechtsprechung der Zivil-, Arbeits- und Verfassungsgerichte wurde bis Ende des Jahres 1985 erfaßt und ausgewertet; besonderes Gewicht kam dabei der insbesondere in der Rechtsprechung des Bundesverfassungsgerichts erkennbaren Methode der Typisierung sowie der Judikatur des EuGH zur Verwirklichung des Gleichberechtigungsgebots im Arbeitsrecht zu. Näher beleuchtet werden schließlich die — immer noch umstrittenen — §§ 611 a ff. BGB sowie die rechtspolitisch erhobenen Forderungen nach absoluten bzw. relativen Quotenregelungen.

Würzburg, im Mai 1986

Jochen Hofmann

Inhaltsverzeichnis

Einleitung	11
I. Rechtshistorischer Standort und dogmatische Bedeutung	13
1. Verfassungshistorischer Aufriß	13
2. Bindungswirkung und Wirkungsrichtung	15
3. Die „main-issues" der Diskussion um ein Antidiskriminierungsgesetz	18
II. Art. 3 Abs. 2 GG in der Rechtswirklichkeit	20
1. Drittwirkung von Grundrechten und Transformation ins Privatrecht	20
2. GleichberechtigungsG 1957, 1. EheRG 1976, SorgRG 1979	21
a) Das Entscheidungsrecht des Mannes in ehelichen Angelegenheiten	21
b) Rechtsgeschäfte in der Ehe	24
c) Das eheliche Güterrecht	26
d) Das Recht der elterlichen Sorge	28
3. Das GleichbehandlungsG 1980	31
4. Die Anwendung des Art. 3 Abs. 2 GG durch die Rechtsprechung	34
a) Biologische Unterschiede als Anknüpfungspunkt	35
aa) Der Kranzgeldanspruch nach § 1300 BGB	35
bb) Strafbarkeit der männlichen Homosexualität	36
cc) Die Sperrklausel des § 8 Abs. 1 EheG	37
dd) Die Regelungen des MuSchG	37
ee) Die Arbeits- bzw. Arbeitszeitverbote der AZO	41
b) Funktional-arbeitsteilige Unterschiede als Differentiationskriterium	44
aa) Die HöfeO-Entscheidungen von BGH und BVerfG	45
bb) Die Methode der „Typisierung" nach drei Ehetypen in der Rechtsprechung des BVerfG	47
cc) Die „Beamtinnen-Entscheidungen" des BVerfG als Beispiel erfolgreicher Anwendung des Art. 3 Abs. 2 GG kraft dogmatischer Konkordanz von Art. 3 Abs. 2 und Art. 6 Abs. 1 GG	55

dd) Die Differenzierung nach „funktionalen" und „traditionell-arbeitsteiligen" Unterschieden in der neueren Rechtsprechung des BVerfG 57
ee) Bewertung von „interner" und „externer" Erwerbstätigkeit der Ehefrau 59
c) Die Anwendung von Art. 3 Abs. 2 GG im Arbeitsrecht 64
aa) Bindung auch der Tarifvertragsparteien 65
bb) Die Bedeutung der Kriterien der Arbeitsplatzbewertung 67
cc) Der Grundsatz der gleichen Entlohnung für gleiche (gleichwertige) Arbeit 70
dd) Die Auslegung von Art. 119 EWG-V und der Ratsrichtlinien 75/117 und 76/207 72

III. Dogmatische Verortung der von Gesetzgebung und Rechtsprechung entwickelten Grundsätze im Lichte der Schranken legislativer Tätigkeit 78

1. Das Verhältnis von Privatautonomie, Art. 3 Abs. 2 GG und staatlichem Interventionismus 78
2. Die Zulässigkeit gesellschaftsreformerischer Maßnahmen 79

IV. Kontrahierungszwang und Quotenregelung als Konkretionen von positiver Wirkungsrichtung 1 und 2 81

1. Die §§ 611 a ff. im Lichte von Art. 12, 14 GG 82
2. Die Grundrechtspositionen aus Art. 12 und 14 GG: Dispositionsrecht, Einstellungs- und Auswahlermessen des Arbeitgebers / Gewährleistung des eingerichteten und ausgeübten Gewerbebetriebes 84
3. Die §§ 611 a ff. BGB als Regelungen auf der Ebene der Berufsausübung: Zweistufentheorie und Grundsatz der Verhältnismäßigkeit 85
4. Die Verhältnismäßigkeit von Schadensersatz- bzw. Erfüllungsanspruch im Rahmen des Regelungsvorbehalts aus Art. 12, 14 GG 90
   a) Anspruch auf „sachbezogen objektivierte Entscheidung" und Kontrahierungszwang als Konkretionen des Regelungsvorbehalts aus Art. 12 Abs. 1 S. 2 GG 91
   b) Erfüllungs- und Schadensersatzanspruch als Ausformungen der Sozialbindung nach Art. 14 Abs. 2 GG 94
5. Absolute und relative Quotenregelungen als zulässiger Regelungsvorbehalt nach Art. 12 Abs. 1 S. 2, 14 Abs. 1, 2 GG 95
6. Die verfassungsrechtliche Zulässigkeit straf- bzw. ordnungswidrigkeitsrechtlicher Bewehrung von Verstößen gegen Antidiskriminierungsvorschriften 98

Literaturverzeichnis 100

Anhang 106

Abkürzungsverzeichnis

ABlEG	=	Amtsblatt der Europäischen Gemeinschaften
AcP	=	Archiv für civilistische Praxis
ÄndG	=	Änderungsgesetz
ALR	=	Allgemeines Landrecht für die preußischen Staaten von 1794
AöR	=	Archiv für öffentliches Recht
AP	=	Arbeitsrechtliche Praxis
AV	=	Ausführungsverordnung
AVG	=	Angestelltenversicherungsgesetz
AZO	=	Arbeitszeitordnung
BAGE	=	Entscheidungen des Bundesarbeitsgerichts, Amtliche Sammlung
BayObLG	=	Bayerisches Oberstes Landesgericht
BayVGH	=	Bayerischer Verwaltungsgerichtshof
BayVBl	=	Bayerische Verwaltungsblätter
BetrVG	=	Betriebsverfassungsgesetz
BPersVG	=	Bundespersonalvertretungsgesetz
BFHE	=	Entscheidungen des Bundesfinanzhofs, Amtliche Sammlung
BGBl	=	Bundesgesetzblatt
BTDrs.	=	Bundestagsdrucksache
BVerfGE	=	Entscheidungen des Bundesverfassungsgerichts, Amtliche Sammlung
BVerwGE	=	Entscheidungen des Bundesverwaltungsgerichts, Amtliche Sammlung
DAG	=	Deutsche Angestellten Gewerkschaft
DJT	=	Deutscher Juristentag
DÖV	=	Die Öffentliche Verwaltung
DVBl	=	Deutsche Verwaltungsblätter
EStG	=	Einkommenssteuergesetz
EuGH	=	Europäischer Gerichtshof

EVO	=	Eisenbahnverkehrsordnung
EWGV	=	Vertrag der Europäischen Gemeinschaft
FamRZ	=	Zeitschrift für Familienrecht
FRG	=	Fremdrentengesetz
Gewos	=	Gesellschaft für Wohnungs- und Siedlungswesen mbH.
GüKG	=	Güterkraftverkehrsgesetz
GWB	=	Gesetz gegen Wettbewerbsbeschränkungen
i.d.F.d.G.	=	in der Fassung des Gesetzes
JA	=	Juristische Arbeitsblätter
JschG	=	Jugendschutzgesetz
JuS	=	Juristische Schulung
JZ	=	Juristenzeitung
LAG	=	Landesarbeitsgericht
LS	=	Leitsatz
LSG	=	Landessozialgericht
MDR	=	Monatsschrift für Deutsches Recht
m.w.N.	=	mit weiteren Nachweisen
NG	=	Neuregelungsgesetz
NZA	=	Neue Zeitschrift für Arbeits- und Sozialrecht
PBefG	=	Personenbeförderungsgesetz
PflVG	=	Pflichtversicherungsgesetz
PrOVGE	=	Entscheidungen des Preußischen Oberverwaltungsgerichts, Amtliche Sammlung
RGBl	=	Reichsgesetzblatt
RhPf	=	Rheinland-Pfalz
RiA	=	Recht im Amt
RuPrVBl	=	Reichs- und Preußisches Verwaltungsblatt
RVO	=	Reichsversicherungsordnung
TVG	=	Tarifvertragsgesetz
VBlBW	=	Verwaltungsblätter Baden-Württemberg
SG	=	Soldatengesetz
WDS	=	Wehrdisziplinarsenat (beim Bundesverwaltungsgericht)
ZRP	=	Zeitschrift für Rechtspolitik

Einleitung

Die Diskussionen um ein Antidiskriminierungsgesetz[1] sind kennzeichnend für die gegenwärtige verfassungspolitische wie verfassungsrechtliche Brisanz des aus Art. 3 Abs. 2 GG resultierenden Gleichberechtigungsgebots der Geschlechter. Der 54. Deutsche Juristentag hat — insoweit dem Deutschen Juristinnenbund und der Vereinigung der wissenschaftlichen Mitarbeiter der Fachrichtung „Öffentliches Recht" folgend[2] — das Problem der „Gleichberechti-

---

[1] Vgl. hierzu nur *Schmitt Glaeser*, Walter, Die Sorge des Staates um die Gleichberechtigung der Frau, in: DÖV 1982, S. 382 ff.; *Coester-Waltjen*, Dagmar, Zielsetzung und Effektivität eines Antidiskriminierungsgesetzes, in: ZRP 1982, S. 217 ff.; *Gitter*, Wolfgang, Gleichberechtigung der Frau: Aufgaben und Schwierigkeiten. Eine Erörterung von Überlegungen über ein „Antidiskriminierungsgesetz", NJW 1982, S. 156 ff. sowie *Kappes*, Karlheinz, Gleichbehandlung. Antidiskriminierungsgesetz bedenklich, in: Der Arbeitgeber 1982, S. 129 f.
Zur Sachverständigenanhörung vom Januar 1982 vgl. *Garbe-Emden*, Kristina, Gleichberechtigung durch Gesetz — Ziele, Ausgestaltung und verfassungsrechtliche Probleme eines Antidiskriminierungsgesetzes, Diss. jur., Hannover 1984, S. 94 ff.; zu einer möglichen konkreten Ausgestaltung eines Antidiskriminierungsgesetzes vgl. *dies.*, S. 110 ff.; zu ausländischen Antidiskriminierungsmaßnahmen allgemein vgl. *Randzio-Plath*, Christia, Europa — eine Chance für Frauen, Baden-Baden 1978, S. 89 ff.; für Österreich vgl. *Krebs*, Edith, Gleichberechtigung der Frau im Arbeitsleben — Österreich, in: Posser, Dieter / Wassermann, Rudolf (Hrsg.), Von der bürgerlichen zur sozialen Rechtsordnung, Heidelberg 1981, S. 101 ff.; für England vgl. *Dix*, Alexander, Erfahrungen mit dem britischen Sex-Discrimination-Act von 1975, in: Posser, Dieter / Wassermann, Rudolf (Hrsg.), Von der bürgerlichen zur sozialen Rechtsordnung, Heidelberg 1981, S. 111 ff.; für Amerika vgl. *Janssen-Jureit*, Marielouise, Gemeinsamer Kampf von Frauen und Minderheiten. Haben die Bürgerrechtsgesetze Amerika verändert?, in: Janssen-Jureit, Marielouise (Hrsg.), Frauenprogramm, Hamburg 1979, S. 268 ff.; für Schweden vgl. *Mallmann-Döll*, Hannelore, Konzeptionen der Frauenpolitik in den skandinavischen Ländern, in: Janssen-Jureit, Marielouise (Hrsg.), Frauenprogramm, Hamburg 1979, S. 287 ff.; *Leijon*, Anna-Greta, Gleichberechtigung der Frau im Arbeitsleben — Schweden, in: Posser, Dieter / Wassermann, Rudolf (Hrsg.), Von der bürgerlichen zur sozialen Rechtsordnung, Heidelberg 1981, S. 117 ff.

gung der Frau: Aufgaben und Schwierigkeiten" zum Thema seiner Schlußveranstaltung gemacht.

Die gegenwärtige Debatte baut auf einem rechtstatsächlichen wie juristischen Fundament auf, das im wesentlichen durch das Gleichberechtigungsgesetz von 1957, das Gesetz zur Änderung des Eherechts von 1976, das Gesetz zur Änderung der elterlichen Sorge von 1976 und das Gesetz über die Gleichbehandlung von Männern und Frauen am Arbeitsplatz von 1980 geschaffen wurde. Recht verständlich werden die „main-issues" der gegenwärtigen Diskussion freilich erst, wenn der Versuch unternommen ist, die Entwicklungslinien vor dem Hintergrund des rechtshistorischen Standorts wie der dogmatischen Bedeutung nachzuzeichnen.

---

[2] Vgl. Arbeitstagung des Deutschen Juristinnenbundes vom 17.-19.9. 1981 in Stuttgart, Gleichberechtigung in Deutschland und Europa, sowie *Hofmann*, Jochen, Die Entwicklung der Gleichberechtigung von Mann und Frau in der Bundesrepublik Deutschland und der DDR, in: Frauendorf, Lutz (Hrsg.), Die Stellung der Frau im sozialen Rechtsstaat, Referate auf der 22. Tagung der wissenschaftlichen Mitarbeiter der Fachrichtung „Öffentliches Recht" in Tübingen vom 22. bis 26. Februar 1982. Tübingen 1982. S. 1 ff. (hierzu *Steininger*, Wolfgang, 22. Tagung der öffentlich-rechtlichen Assistenten in Tübingen, in: DÖV 1982, S. 315).

I. Rechtshistorischer Standort und dogmatische Bedeutung

1. Verfassungshistorischer Aufriß

Der Verfassungssatz von der Gleichheit der Menschen — über die „Declaration of Independence" vom 4. Juli 1776³, die „Declaration des droits des l'hommes et du citoyens" vom 26. August 1789, die zweite französische Verfassung von 1793⁴ sowie über die Charte Constitutionelle und die „Constitution de la Belgique" von 1831⁵ im deutschen Verfassungsrecht verankert — war ursprünglich ausschließlich auf

---

³ Zum Grundsatz des „All men are created free and equal ..." vgl. *Becker*, Carl, The Declaration of Independence. A Study in the History of Political Ideas, New York 1953, S. 174 ff.; *Hägermann*, Gustav, Die Erklärung der Menschen- und Bürgerrechte in den ersten amerikanischen Staatsverfassungen, Diss. phil., Berlin 1910, S. 17 f. Zum Gleichheitsgedanken der „Virginian Bill of Rights" vom 12. 6. 1776 vgl. *Salander*, Gustav Adolf, Vom Werden der Menschenrechte. Ein Beitrag zur modernen Verfassungsgeschichte unter Zugrundelegung der virginischen Erklärung der Rechte vom 12. Juni 1776, Diss. jur., Leipzig 1926 (= Leipziger rechtswissenschaftliche Studien 19), S. 75 ff.

⁴ Art. 1 („Les hommes naissent et demeurent libres et égaux en droits") der Declaration vom 26. 8. 1789 und Art. 3 („Tous les hommes sont égaux par la nature et devant la loi") der Jakobinischen Verfassung vom 24. 6. 1793, vgl. *Voigt*, Alfred, Geschichte der Grundrechte, Stuttgart 1948, Anlagen 5 und 6, S. 195 ff. sowie *Duguit*, Léon / *Monnier*, Henry, Les Constitutions et les principales Lois politiques de la France depuis 1789, Paris 1898, Textes, S. 66 ff. und Notices Historiques,, S. XXXIII ff. sowie zum ganzen *Brunet*, René, Le Principe d'égalité en droit français, Paris 1910 und *Schnur*, Roman, Zur Geschichte der Erklärung der Menschenrechte, Darmstadt 1964.

⁵ Art. 1 („Les Francais sont égaux devant la loi, ..."), Art. 3 („Ils sont tous également admissible aux emplois civils et militaires"), Art. 4 („Leurs liberté individuelle est également garanté ...") der Charte Constitutionelle Ludwigs XVIII vom 4. 6. 1814, vgl. *Voigt* (FN 4), Anlage 7, S. 202 f. sowie *Duguit / Monnier* (FN 4), Textes, S. 183 ff.; Notices Historiques, S. LXXXI ff.
Art. 6 Abs. 1 („Les Belges sont égaux devant la loi") der Belgischen Verfassung vom 7. 2. 1831, vgl. *Brorsen*, Walter, Die Verfassungen der Erde in deutscher Sprache nach dem jeweils neuesten Stande, Tübingen 1950, Band 1, S. 1, *Voigt* (FN 4), S. 69 ff. sowie *Wigny*, Pierre, Cours De Droit Constitutionelle, Bruxelles 1973, S. 191 ff.

I. Rechtshistorischer Standort und dogmatische Bedeutung

die Beseitigung der feudal-ständischen Unterschiede gerichtet. Die Verfassung des Deutschen Reiches vom 26. März 1849[6] und die preußische Verfassung vom 31. Januar 1850[7] hatten den der objektiven Entwickeltheit der bürgerlichen Gesellschaft entsprechenden verfassungsrechtlichen Schritt der Konstituierung einer Gesellschaft formal gleicher Rechtssubjekte vollzogen.[8]

In den Beratungen der deutschen Verfassunggebenden Nationalversammlung in Weimar führte die Fassung des — nachmaligen — Art. 109 Abs. 2 — „Männer und Frauen haben grundsätzlich dieselben staatsbürgerlichen Rechte und Pflichten" — zur Diskussion darüber, ob damit einfaches Reichs- oder Landesrecht derogierende Kraft haben und Art. 109 Abs. 2 WRV eine Verpflichtung des einfachen Gesetzgebers entnommen werden könne, bei künftiger Legislatur die normative Schrankenwirkung dieser Vorschrift zu beachten; dies wurde von der damaligen h. M. in beiden Fällen verneint.[9]

---

[6] Abschnitt VI, Art. II, § 137 der Reichsverfassung vom 28. 3. 1849:
„Vor dem Gesetz gilt kein Unterschied der Stände. Der Adel als Stand ist aufgehoben.
Alle Standesvorrechte sind abgeschafft.
Die Deutschen sind vor dem Gesetze gleich.
...
Die öffentlichen Ämter sind für alle Befähigten gleich zugänglich.
Die Wehrpflicht ist für alle gleich; Stellvertretung bei derselben findet nicht statt."
Zit. nach *Dürig*, Günther / *Rudolf*, Walter (Hrsg.), Texte zur deutschen Verfassungsgeschichte, München 1967, S. 69 f.; vgl. hierzu *Franke*, Jörg, Das Wesen der Frankfurter Grundrechte von 1848/49 im System der Entwicklung der Menschen- und Grundrechte, diss. jur., Koblenz 1970, Abschnitt C II, S. 57 ff.

[7] Titel II, Art. 4 („Alle Preußen sind vor dem Gesetze gleich. Standesvorrechte finden nicht statt...") der Verfassungsurkunde für den preußischen Staat vom 31. Januar 1850, zit. nach *Dürig / Rudolf* (FN 6), S. 92.

[8] *Hegel*, Georg Friedrich Wilhelm, Grundlinien der Philosophie des Rechts, § 243, Theoriewerkausgabe auf der Grundlage der Werke von 1832 - 1845, hrsg. von Eva Moldenhauer und Karl Markus Michael, Bd. 7, Frankfurt am Main 1971, S. 389.

[9] Vgl. *Anschütz*, Gerhard, Die Verfassung des Deutschen Reiches vom 11. August 1919. Ein Kommentar für Wissenschaft und Praxis, Bad Homburg v. d. H./Berlin/Zürich, 14. Aufl. 1933 (Nachdruck 1968), S. 529 f.; auch Art. 119 Abs. 1 S. 2 WRV bedeutete nach Anschütz keine Verpflichtung des Gesetzgebers, entgegenstehende Vorschriften — wie z. B. § 1354 BGB a. F. — aufzuheben. — Zu Art. 119 WRV vgl. weiter *Garbe-Emden*, Gleichberech-

Der Intention des Verfassungsgebers von Herrenchiemsee 1948/49 entsprach es, durch die Fassung des heutigen Art. 3 Abs. 2 GG den durch Art. 109 Abs. 2 WRV repräsentierten Rechtszustand bzgl. der Beschränkung der Geltungswirkung auf den staatsbürgerlichen Bereich und der Zuerkennung einer nur mittelbaren Geltungswirkung zu überwinden.

2. Bindungswirkung und Wirkungsrichtung

Somit ist Art. 3 Abs. 2 GG — in striktem Gegensatz zu Art. 109 Abs. 2 WRV — unmittelbar vollziehbare Rechtsnorm mit derogatorischer Kraft gegenüber einfachem Bundes- und Landesrecht (absolute Bindungswirkung).

Hinsichtlich der Wirkungsrichtung[10] läßt sich wie folgt differenzieren:

a) Art. 3 Abs. 2 GG bedeutet zunächst — im Verein mit Art. 3 Abs. 3 GG („Geschlecht") — einen subjektiv-öffentlichen Rechtsanspruch der Rechtssubjekte darauf, daß der Gesetzgeber den Geschlechtsunterschied nicht zum Anknüpfungspunkt für gesetzliche Tatbestände macht *(negative Wirkungsrichtung 1)*.

---

tigung durch Gesetz (FN 1), S. 8 ff.; zur Entwicklung während des Dritten Reiches vgl. *Garbe-Emden*, a.a.O., S. 13 ff.; zur nationalsozialistischen Frauenpolitik vgl. *Mason*, Timothy W., Zur Lage der Frauen in Deutschland 1930 - 1940, in: Gesellschaft. Beiträge zur Marxschen Theorie, Bd. 6, Frankfurt 1976, S. 118 ff.; *Stevenson*, Jill, Women in Nazi-Society, London 1975; Frauengruppe Faschismusforschung (Hrsg.), Mutterkreuz und Arbeitsbuch. Zur Geschichte der Frauen in der Weimarer Republik und im Nationalsozialismus, Frankfurt a. M. 1981 sowie neuerdings *Klinksiek*, Dorothee, Die Frau im nationalsozialistischen Staat (Schriftenreihe der Vierteljahreshefte für Zeitgeschichte, Bd. 44), Stuttgart 1982.

[10] Die Differenzierung von Bindungswirkung und Wirkungsrichtung geht zurück auf *Friauf*, Karl Heinrich, Gleichberechtigung der Frau als Verfassungsauftrag. Besteht eine positive Verpflichtung des Staates, die in Art. 3 Abs. 2 GG grundrechtlich gewährleistete Gleichberechtigung der Frau in den verschiedenen Lebensbereichen durch aktive Förderung und Unterstützung zu ermöglichen und zu sichern? Rechtsgutachten, erstattet im Auftrage des Bundesministeriums des Innern (Schriftenreihe des Bundesministeriums des Innern, Bd. 11) Stuttgart/Berlin/Köln/Mainz 1981, S. 12; zu ähnlichen Ergebnissen gelangt *Garbe-Emden*, Gleichberechtigung durch Gesetz (FN 1), S. 81 ff.

I. Rechtshistorischer Standort und dogmatische Bedeutung

b) Über Art. 3 Abs. 1 GG als relativem Diskriminierungsverbot hinausgehend, statuiert Abs. 2 im interpersonalen Bezug, d. h. im Bereich des gesamten bürgerlichen Rechts, die Rechtspflicht, nicht nach der Geschlechtszugehörigkeit zu differenzieren (kategorisches Diskriminierungsverbot iSe *negativen Wirkungsrichtung 2*).

c) Aus den Motiven zu Art. 3 Abs. 2 GG wie aus der Fassung von Art. 117 Abs. 1 GG läßt sich ein normativer Gestaltungsauftrag an den einfachen Gesetzgeber ableiten. Ob dieser lediglich die staatliche Verpflichtung auf Gewährleistung objektiver Rahmenbedingungen iSe *positiven Wirkungsrichtung 1* (d. h. derivative Teilhabeansprüche nach Martens) begründet oder aber ein subjektiv-öffentliches Recht der Rechtssubjekte auf Erlaß von Leistungsgesetzen in concreto *(positive Wirkungsrichtung 2)*, ist umstritten.[11]

Somit ergibt sich zur materiellen Bedeutung von Art. 3 Abs. 2 GG:

Art. 3 Abs. 2 GG enthält ein absolutes, kategorisches — Männer wie Frauen schützendes[12] — Differenzierungsverbot bezüglich des

---

[11] Vgl. hierzu *Friauf*, Gleichberechtigung der Frau als Verfassungsauftrag (FN 10), S. 22 ff.; *Hofmann*, Die Entwicklung der Gleichberechtigung von Mann und Frau in der Bundesrepublik Deutschland und der DDR (FN 2), S. 22 f.

[12] *Schmitt Glaeser*, Die Sorge des Staates um die Gleichberechtigung der Frau, in: DÖV 1982, S. 348. — Daß Art. 3 Abs. 2 GG auch Männern zugute kommen kann, zeigt die Judikatur zum sog. „Hausarbeitstag". Das BVerfG hatte (E 52, 369 = NJW 1980, S. 823) das HausarbeitstagG NRW insoweit für verfassungswidrig erklärt, als es alleinstehende Frauen besser stellte als vergleichbare Männer. Das BAG folgte dieser Rechtsprechung und erkannte für den Fall der freiwilligen Gewährung von Hausarbeitstagen durch den Arbeitgeber, daß männlichen Arbeitnehmern der Anspruch zusteht, unter den gleichen Voraussetzungen wie weibliche Arbeitnehmer Hausarbeitstage zu erhalten (Urt. v. 26. 1. 1982 — 3 AZR 202/81 und 42/81 in NJW 1982, S. 2573 f. und NJW Heft 9/1982, S. VI); vgl. zu dieser Problematik auch JA 1980, S. 534 f.; Maunz / Dürig / Herzog / Scholz, Art. 3, Rz. 43 sowie *Sachs, Michael*, Die Folgen der Unvereinbarkeit des Hausarbeitstagsanspruchs für Frauen mit dem Grundgesetz, FamRZ 1982, S. 981 ff. und *Garbe-Emden*, Gleichberechtigung durch Gesetz (FN 1), S. 29.

Die Entscheidung des VGH BW v. 28. 6. 1982 (2 S. 2471/81), nach der die Beschränkung der Feuerwehrabgabenpflicht auf männliche Gemeindeeinwohner gem. § 43 Abs. 2 S. 1 FwG 78 nicht gegen Art. 3 Abs. 2, Abs. 3 GG verstößt, ist auf die Tatsache der dogmatischen Überlagerung durch Art. 12 Abs. 2 GG zurückzuführen, der es dem Landesgesetzgeber verbietet, die „herkömmliche" Feuerwehrdienstpflicht (zu deren Verfassungs-

2. Bindungswirkung und Wirkungsrichtung

Merkmals „Geschlecht". Gegen den Grundsatz der Gleichberechtigung wird dann verstoßen, wenn jemand — unmittelbar oder mittelbar — lediglich wegen seiner Geschlechtszugehörigkeit gegenüber Personen anderen Geschlechts bevorzugt oder benachteiligt wird.

Art. 3 Abs. 2 GG hat gegenüber Art. 3 Abs. 1 GG selbständige Bedeutung, als er eine Konkretisierung von Absatz 1 in dem Sinne darstellt, daß die im Rahmen des Absatzes 1 zulässigen Differenzierungen nicht herangezogen werden können. Der Gesetzgeber hat also in den Fällen des Absatzes 2 keine Gestaltungsfreiheit, einen sachlich rechtfertigenden Grund festzulegen und damit zu bestimmen, ob die gleichen oder ungleichen Merkmale des inmitten liegenden Sachverhalts ausschlaggebend sind bzw. sein sollen oder nicht. Insbesondere bei den von der h. M. als zulässig erachteten sogenannten arbeitsteilig-funktionalen Unterschieden wird zu fragen sein, ob diese nicht nur dann zum Anknüpfungspunkt verschiedener Behandlung der Geschlechter herangezogen werden dürfen, als sie ihrerseits auf biologische Unterschiede zurückzuführen sind.

Der bzgl. des Wortlauts des Art. 3 Abs. 2 GG — „... sind gleichberechtigt." — zu vermutende Ist-Zustand entspricht nicht dem aktiven Normierungs- und Gestaltungsauftrag dieser Vorschrift. Aus Art. 117 Abs. 1 GG läßt sich nicht nur der Auftrag an den Gesetzge-

---

mäßigkeit vgl. BVerfGE 13, 167 und *Sachs*, VBlBW 1981, S. 273 ff.) auf weibliche Gemeindeeinwohner auszudehnen (vgl. auch BayVGH, BayVBl 1979, S. 269).
Zur Frage der Verpflichtung, die Vorschriften über den Mutterschutzurlaub nach § 8a MuSchG iVm § 200 Abs. 4 RVO bzw. über den Betreuungsurlaub für weibliche (Sanitäts-)Offiziere gem. § 28 Abs. 5 Satz 1 lit. a SG auch auf Männer zu erstrecken, vgl. BAG v. 27. 7. 1983, NJW 1984, S. 630; BSG v. 19. 10. 1983, NJW 1984, S. 631, BVerfG, Beschl. v. 2. 2. 1982 (2 BvR 553/80) sowie neuerdings das auf Vorlagebeschluß des Landessozialgerichts Hamburg ergangene Urteil des EuGH v. 12. 7. 1984, Rs 184/83, NJW 1984, S. 2754 bzw. Vorlagebeschluß des Bundesverwaltungsgerichts (WDS) v. 10. 7. 1984, DVBl 1985, S. 445. Zur Vereinbarkeit der Regelungen des Mutterschutzgesetzes mit Art. 3 Abs. 2 GG vgl. allgemein II 4 a, dd. Zum Nichtbezug von Mutterschaftsgeld durch Väter vgl. BSG, NJW 1984, S. 631; zu dem — den Problemkreis von Art. 3 Abs. 2 GG nicht berührenden — Ausschluß von Mutterschaftsurlaub für Adoptivmütter vgl. BAG, NJW 1984, S. 630 = VR 1984, S. 142, zum Ausschluß der vor der Geburt eines Kindes nicht erwerbstätigen Mutter vom Bezug des Mutterschaftsgeldes vgl. BVerfGE 65, 104.

ber ableiten, das Art. 3 Abs. 2 GG widersprechende einfache Gesetzesrecht zu ändern, sondern darüber hinaus — insbesondere im Arbeits- und Berufsbildungsrecht — durch gesetzliche Regelungen Vorsorge für eine Verwirklichung des Gleichheitssatzes zu treffen.

3. Die „main-issues" der Diskussion um ein Antidiskriminierungsgesetz

Die eingangs apostrophierten „main-issues" der Diskussion um ein Antidiskriminierungsgesetz

— Veränderung faktischer Gegebenheiten bzw. gesellschaftlicher Strukturen zugunsten der Frau mittels „dirigistischer Maßnahmen des Staates",

— Zulässigkeit einer verfassungsrechtlichen Bindung des Privatrechtsverkehrs durch generelle oder partielle Diskriminierungsverbote und deren Durchsetzung durch gesetzliche Sanktionen (Straf- oder Bußgeldbewehrung),

— Zulässigkeit in Sonderheit von sog. Quotenregelungen in den Bereichen des individuellen Arbeitsrechts und des öffentlichen Dienstes

führten und führen in der rechtswissenschaftlichen Auseinandersetzung z. T. zu scharfen Kontroversen; übersehen wird dabei — etwa bei dem Dictum, es sei „in keiner Weise ersichtlich ..., daß die Durchsetzung des Diskriminierungsverbots einer Bußgeldsanktion bedarf"[12] — daß der Gesetzgeber des Gleichberechtigungs- oder Eherechtsänderungsgesetzes sich durchaus davon leiten ließ, die Veränderung „lang geübter und ebenso lang als legal bewerteter und erst seit relativ kurzer Zeit nicht mehr akzeptierter Verhaltensweisen"[13] herbeizuführen.

Als Paradigma sei bereits an dieser Stelle auf die Begründung des BVerfG zur Verfassungswidrigkeit des § 6 Abs. 1 S. 3 der Höfeordnung für die britische Zone hingewiesen, bei der das BVerfG weder die „jahrhundertealte Überlieferung" noch die herausgebildete

---

[13] *Schmitt Glaeser*, Die Sorge des Staates um die Gleichberechtigung der Frau (FN 12), S. 384.

3. Antidiskriminierungsgesetz

Arbeitsteilung gelten ließ, nach der „auf einem Bauernhof im allgemeinen dem Manne die Außenwirtschaft und auch regelmäßig die Planung und Leitung des Betriebs obliegt, während die Frau die Innenwirtschaft mit den Arbeiten in Haushalt, Stall und Garten besorgt."[14]

Daraus erhellt, daß der Gesetzgeber von der Judikative geradezu aufgerufen war, gesellschaftliche Strukturen und „jahrhundertealte Übung" durch „dirigistische Maßnahmen" zu überwinden. Dieser Grundsatz galt bei den Änderungen des Familienrechts — etwa zur Rollenverteilung innerhalb der Familie[15] — ebenso wie bei den vom Gesetzgeber z. T. nachvollzogenen, vom BAG herausgearbeiteten Prinzipien zur Begründung und Gestaltung von Individualarbeitsverhältnissen[16] — dies ganz im Sinne der anerkannten logischen Struktur des Rechtssatzes, der als Bestimmungssatz darauf ausgeht, „daß irgend etwas sein soll".[17]

---

[14] Vgl. hierzu weiter unten II 4 b, aa.
[15] Vgl. weiter unten II 2 a, b.
[16] Vgl. weiter unten II 4 c.
[17] *Larenz*, Karl, Methodenlehre der Rechtswissenschaft, 4. Aufl., Berlin/Heidelberg/New York 1979, Kap. 2, 1 a, S. 238.

II. Art. 3 Abs. 2 GG in der Rechtswirklichkeit

1. Drittwirkung von Grundrechten und Transformation ins Privatrecht

Angesichts der Tatsache, daß nach herrschender Meinung die sog. Drittwirkung von Grundrechten nur den Staat als Adressaten erfaßt und darüber hinaus nur die Fälle der negativen Wirkungsrichtung, bedurfte es der Transformation des Art. 3 Abs. 2 GG ins Privatrecht. Diesem — durch Art. 117 GG geforderten — normativen Gestaltungsauftrag im Sinne der positiven Wirkungsrichtung 1 ist der bundesdeutsche Gesetzgeber durch das Gleichberechtigungsgesetz von 1957, das 1. Eherechtsänderungsgesetz von 1976, das Gesetz zur Änderung der elterlichen Sorge von 1976 und das Gesetz über die Gleichbehandlung von Männern und Frauen am Arbeitsplatz von 1980 nachgekommen.

Mit dem gem. der Schlußvorschrift des Art. 8 Abs. 2 Ziff. 4 GleichberechtigungsG am 1.7.1958 in Kraft tretenden Gleichberechtigungsgesetz hatte der Gesetzgeber den sich aus Art. 117 Abs. 1 GG ergebenden Gesetzgebungsauftrag erfüllt. Gem. Art. 117 Abs. 1 GG blieb das Art. 3 Abs. 2 GG entgegenstehende Recht bis zu seiner Anpassung an diese Bestimmung des Grundgesetzes in Kraft, jedoch nicht länger als bis zum 31. März 1953. Nachdem das Gleichberechtigungsgesetz vom 18. 6. 1957 der Fristbestimmung des Art. 117 Abs. 1 GG nicht genügen konnte, andererseits aber durch die Entscheidung des Bundesverfassungsgerichts vom 18. 12. 1953[18] klargestellt war, daß Art. 3 Abs. 2 GG seit 1. 4. 1953 auf allen Gebieten des deutschen Rechts unmittelbar vollziehbare Rechtsnorm sei, hatte sich insbesondere für das Gebiet des Besatzungsrechts die Frage erhoben, ob diese Rechtsgebiete formal nur insoweit Art. 3 Abs. 2 GG unterworfen

---

[18] BVerfGE 3, 225; vgl. *Maunz / Dürig / Herzog / Scholz*, Art. 3, Rz. 7; zur „Geschichte" des Gleichberechtigungsgesetzes vgl. *Garbe-Emden*, Gleichberechtigung durch Gesetz (FN 1), S. 21 ff.

seien, als zwar der Gesetzgeber, nicht aber die Gerichte an den Auftrag des Grundgesetzes gebunden seien.[19] Hinsichtlich der Höfeordnung für die Britische Zone billigte das Bundesverfassungsgericht schließlich dem Gesetzgeber eine Frist bis Herbst 1965, dem Ende der 4. Legislaturperiode, zu, innerhalb derer er die Grundgesetzwidrigkeit der Höfeordnung zu beseitigen hatte.[20] Für die anderen Gebiete des Bürgerlichen Rechts war somit für den Zeitraum vom 1.4.1953 bis 30.6.1958 der Richter in nach herrschender Meinung zulässiger Überschreitung des Gewaltenteilungsprinzips[21] zur unmittelbaren Anwendung des Art. 3 Abs. 2 GG aufgerufen.[22]

Das Gleichberechtigungsgesetz von 1957 beseitigte zwar jene Normen des Familienrechts, die als Verkörperung des Paternalismus und Patriarchalismus im System des BGB gelten konnten, schuf darüber hinaus aber gleichzeitig auch — wie sich in der Folgezeit zeigte — verfassungswidriges Gesetzesrecht. Die durch das 1. Gesetz zur Reform des Ehe- und Familienrechts (1. EheRG) vom 14.6.1976[23] und das Gesetz zur Neuregelung des Rechts der elterlichen Sorge vom 18.7.1979[24] vorgenommenen Korrekturen verwirklichten den Rechtsgedanken des Art. 3 Abs. 2 GG in weiteren wichtigen Teilbereichen.

2. GleichberechtigungsG 1957, 1. EheRG 1976, SorgRG 1979

Im folgenden sollen nun die wichtigsten, durch Gleichberechtigungsgesetz, 1. EheRG und SorgRG herbeigeführten Änderungen skizziert werden. Diese bilden gegenwärtig die tragenden Säulen des Ehe- und Familienrechts.

a) Das Entscheidungsrecht des Mannes in ehelichen Angelegenheiten

§ 1354 a. F., der dem Manne das Entscheidungsrecht in ehelichen Angelegenheiten generell zugesprochen hatte, wurde durch Art. 1

---
[19] BVerfGE 15, 337, 346 ff.; *Maunz / Dürig / Herzog / Scholz*, Art. 3, Rz. 8.
[20] BVerfGE 15, 337, 350; vgl. BGHZE 30, 50, weiter unten bei II 4 b, aa.
[21] Vgl. *Maunz / Dürig / Herzog / Scholz*, Art. 117, Rz. 6.
[22] Vgl. *Arnold*, Egon, Angewandte Gleichberechtigung im Familienrecht, Berlin und Frankfurt 1954, sowie die bei *Maunz / Dürig / Herzog / Scholz*, bei Art. 117 angegebenen Urteile.
[23] BGBl 1976 I, S. 1421.
[24] BGBl 1979 I, S. 1061.

Ziff. 5 GleichberechtigungsG ersatzlos gestrichen. Ungeachtet der Regelungen in § 1356 (i. d. F. durch Art. 1 Ziff. 6 GleichberechtigungsG) und des § 1357 (i. d. F. von Art. 1 Ziff. 6 GleichberechtigungsG) war somit klargestellt, daß Entscheidungen, die das eheliche Zusammenleben betreffen, gemeinsam zu erfolgen hatten, somit keiner der Ehegatten, insbesondere nicht mehr der Ehemann, die alleinige oder letzte Entscheidung haben sollte.[25] Durch die Verpflichtung gemeinsamer Beratung und Entschließung in den das eheliche Zusammenleben betreffenden Angelegenheiten wurde freilich nicht die sich unter den Eheleuten herausgebildete, der „natürlichen" Verteilung von Rechten und Pflichten entsprechende Ordnung berührt. Hatte § 1356 Abs. 1 a. F. die Haushaltsführung der Ehefrau als Recht und Pflicht zugewiesen, so konstituierte § 1356 i. d. F. des Art. 1 Ziff. 6 des GleichberechtigungsG das Leitbild der Hausfrauenehe, indem er die Haushaltsführung als ureigenstes Recht und Aufgabe der

---

[25] Vgl. *Palandt*, Bürgerliches Gesetzbuch. Kurzkommentar, 30. Aufl. 1971, § 1353, Rz. 2; 40. Aufl. 1980, § 1353, Rz. 2 b, cc; vgl. in diesem Zusammenhang: *Schröder*, Hannelore, Die Rechtlosigkeit der Frau im Rechtsstaat, Frankfurt/New York 1979, S. 33 ff. insbes. S. 50 f. und S. 78 ff.; § 1354 a. F. BGB ging seinerseits zurück auf III, 2, § 184 ALR: „Der Mann ist das Haupt der ehelichen Gemeinschaft; und sein Entschluß giebt in gemeinschaftlichen Angelegenheiten den Ausschlag." — § 1354 a. F. BGB war damit Ausdruck der im 19. Jahrhundert häufig „Ehevogtei" genannten Muntgewalt, die sich auf die römisch-rechtliche mancipatio zurückführen läßt. Der patria postestas des paterfamilias unterfiel alles, was sich im Hause befand, also Kind und Weib „wie der Stier und der Sklave" (vgl. hierzu *Norden*, Fritz, Apulejus von Madaura und das römische Privatrecht, Leipzig 1912 [Neudruck Aalen 1974], 4. Kap., S. 127). Infolge der patria postestas auch über die Ehefrau hatte das römische Recht eine besondere Art der Vormundschaft über die Ehefrau, die tutela mulierum „propter sexus infirmitatem" und „propter animae levitatem" ausgebildet. (Vgl. *Norden*, a.a.O., 5. Kap., S. 137; vgl. *Liebs*, Detlef, Römisches Recht. Ein Studienbuch, Göttingen 1975 [= UTB 465], S. 120, 124 f.). Freilich bleibt im Gegensatz zu *Schröder* (a.a.O., S. 55) darauf hinzuweisen, daß sich die Stellung der römischen Frau in der mittleren Republik verbesserte. Eheherrliche Gewalt und Geschlechtsvormundschaft verschwanden (vgl. *Liebs*, a.a.O., S. 125); während die römisch-rechtliche tutela mulierum sich nicht auf die Vermögensverwaltung bezog (vgl. *Gajus* I., S. 190, 191), bestellte das ALR (III, 1, § 227) den Ehemann und Vater „von Rechts wegen" zum „natürlichen" Vormund seiner zu bevormundenden Frau"; vgl. hierzu *Weber-Will*, Susanne, Die rechtliche Stellung der Frau im Privatrecht des Preußischen Allgemeinen Landrechts von 1794 (Europäische Hochschul-Schriften 2), Frankfurt a. M. 1983, S. 350.

Hausfrau, nicht jedoch als Pflicht normierte.[26] Dies ergab sich aus der Fassung von § 1356 Abs. 1 Satz 2 BGB, wonach die Ehefrau berechtigt war, erwerbstätig zu sein, soweit sich dies mit ihren Pflichten in Ehe und Familie vereinbaren ließ. Freilich sah die damals herrschende Meinung in § 1356 BGB eine zwingende Vorschrift, die „eindeutig die Vorrangigkeit der Haushaltsführung durch die Ehefrau anerkannte"[27] und Änderungen durch Vereinbarungen der Ehegatten nur insoweit zuließ, als etwa der Erwerb des Mannes zum Unterhalt nicht ausreiche oder aber die von Anfang an erwerbstätige Ehefrau ein Kind bekam. Aus dem durch § 1356 Abs. 1 Satz 2 i. d. F. des GleichberechtigungsG niedergelegten Recht der Erwerbstätigkeit der Ehefrau folgte gleichzeitig die Notwendigkeit, § 1358 a. F. aufzuheben, der ein Kündigungsrecht des Mannes bei Erwerbstätigkeit der Ehefrau vorgesehen hatte.[28]

§ 1356 Abs. 2 i. d. F. des GleichberechtigungsG dehnte die Mitarbeitspflicht der Ehefrau nach § 1356 Abs. 2 a. F. auf beide Ehegatten aus, wobei „Hauswesen und Geschäft" in § 1356 Abs. 2 a. F. durch „Beruf oder Geschäft" ersetzt wurde.

Die Neufassung des § 1356 durch Art. 1 Ziff. 3 des 1. EheRG stellte Haushaltsführung und Erwerbstätigkeit endgültig dem gegenseitigen Einvernehmen der Ehegatten anheim. Damit hatte es der Gesetzgeber abgelehnt, zugleich mit der Aufhebung des gesetzlichen Leitbildes der Hausfrauenehe ein neues Leitbild (beispielsweise das der berufstätigen Ehefrau im Rahmen einer sog. „Doppelverdienerehe")

---

[26] Vgl. *Krüger / Breetzke / Nowack*, Gleichberechtigungsgesetz, Kommentar, München und Berlin 1958, Anm. I 1 zu § 1356 (S. 247).

[27] *Palandt*, 30. Aufl. 1971, § 1356, Rz. 3 b unter Berufung auf BGH in FamRZ 1959, S. 203; damit war im Grunde die Regelung wiederhergestellt, wie sie die Materialien zum BGB in der Fassung des § 1275 (E) vorgesehen hatten: „Der Hauptberuf der Ehefrau bezieht sich auf das Innere des Hauses ... Soweit aber die Hilfeleistung im Geschäft des Mannes nach dem Stande des Letzteren für die Frau üblich ist, darf sie auch solchen Verrichtungen gegenüber dem Verlangen des Ehemannes sich nicht entziehen." (Vgl. die gesamten Materialien zum Bürgerlichen Gesetzbuch, hrsg. u. bearb. von *Mugdan*, Berlin 1899, Bd. IV, Titel 2: Wirkungen der Ehe, S. 58 ff.).

[28] Durch Art. 1 Ziff. 7 GleichberechtigungsG; § 1358 a. F. BGB entsprach der Regelung des ALR in III 2, § 195, demzufolge die Ehefrau „wider den Willen des Mannes ... für sich selbst kein besonderes Gewerbe betreiben" darf.

zu geben. So steht die sog. Doppelverdienerehe genauso unter dem Schutz gesetzlicher Sanktion wie die überkommene Funktionsteilung des alleinerwerbstätigen Ehemannes und der ganz auf den häuslichen Bereich beschränkten Ehefrau.[29] Fraglich ist, ob durch den Wegfall von § 1356 Abs. 2 i. d. F. durch Art. 1 Ziff. 6 des GleichberechtigungsG, der die Ehegatten zur gegenseitigen Mitarbeit in „Beruf oder Geschäft" verpflichtete, nunmehr eine solche Mitarbeitspflicht nicht mehr besteht. Nach herrschender Meinung sind jedoch durch die Abschaffung dieser Bestimmung lediglich die Voraussetzungen für eine Mitarbeitspflicht enger zu ziehen, und zwar in dem Sinne, daß die Eheleute nunmehr aus § 1353 Abs. 1 Satz 2 BGB zur üblichen Mitarbeit verpflichtet sind. Die Beteiligung des anderen Ehegatten an dem Arbeitsergebnis erfolgt daher in der Regel im Rahmen der Unterhaltspflicht.[30]

b) Rechtsgeschäfte in der Ehe

Die Verabschiedung des Leitbilds der Hausfrauenehe durch das 1. EheRG machte es darüber hinaus erforderlich, die Fassung des § 1357 BGB durch Art. 1 Ziff. 6 des GleichberechtigungsG dahingehend zu ändern, daß nun jeder Ehegatte berechtigt ist, Geschäfte zur angemessenen Deckung des Lebensbedarfs der Familie mit Wirkung auch für den anderen Ehegatten zu besorgen (§ 1357 Abs. 1 Satz 2 i. d. F. durch Art. 1 Ziff. 4 des 1. EheRG).

Aufschlußreich insoweit ist, daß bereits die Regierungsentwürfe I und II für das GleichberechtigungsG die gleiche Berechtigung beider Ehegatten vorgesehen hatten. Der Rechtsausschuß des Bundestages gab die Schlüsselgewalt, insoweit übereinstimmend mit der bis 1. 7. 1958 geltenden Regelung — nur der Ehefrau, da sie den Haushalt führe und die Möglichkeit haben müßte, Geschäfte für den Mann vorzunehmen und ihn zu verpflichten.[31]

---

[29] Vgl. *Palandt*, 44. Aufl. 1985, § 1356, Rz. 1; 4 a. Auf die Problematik der Entgeltlichkeit der Mitarbeit der Ehefrau sowie auf die Funktion der stillschweigend geschlossenen Ehegatteninnengesellschaften kann hier nicht eingegangen werden (vgl. hierzu *Palandt*, a.a.O., Rz. 4, 4d). Die — z. T. recht polemische — Argumentation bei *Schröder*, Die Rechtlosigkeit der Frau im Rechtsstaat (FN 25), S. 78 ff., übersieht, daß aus der Üblichkeit der Mitarbeit nicht ohne weiteres deren Unentgeltlichkeit folgt.

[30] Vgl. *Palandt*, 44. Aufl. 1985, § 1356, Rz. 4a.

Freilich warf die Fassung des § 1357 durch Art. 1 Ziff. 6 des GleichberechtigungsG ebenso wie die Fassung des § 1362 die ganz andere Frage auf, inwieweit hier nicht im Rahmen einer formalen Angleichung der Rechtspositionen eine materiale Schlechterstellung der Frau herbeigeführt wurde. § 1362 a. F. normierte die Eigentumsvermutung lediglich zugunsten der Gläubiger des Ehemannes, unterschied jedoch dabei nicht, ob die Eheleute in ehelicher Gemeinschaft lebten oder ob sie sich getrennt hatten; die Vorschrift des § 1362 Abs. 2 (zum persönlichen Gebrauch eines Ehegatten bestimmte Gegenstände) galt nur für die Sachen der Ehefrau.[32] Art. 1 Ziff. 8 des GleichberechtigungsG führte die Eigentumsvermutung auch hinsichtlich der Gläubiger der Ehefrau ein. Ähnlich wie § 1357 dient damit § 1362 ausschließlich dem Gläubigerschutz. Dabei geht § 1357 sogar noch weiter als § 1362, da dieser eine widerlegliche Vermutung enthält[33], jener aber unabhängig vom Offenkundigkeitsprinzip der Stellvertretung (§ 164 Abs. 1 Satz 1 BGB) im Rahmen von Rechtsgeschäften zur Deckung des Familienbedarfs einen zusätzlichen Schuldner aufgrund der bloßen Tatsache schafft, daß der Vertragspartner verheiratet ist.[34]

Die bei Palandt[35] angedeuteten verfassungsrechtlichen Bedenken haben bislang noch zu keiner verfassungsrechtlichen Auseinandersetzung in Lehre oder Rechtsprechung geführt. Lediglich Büdenbänder[36] hat die Verfassungsmäßigkeit des § 1357 n. F. bejaht. Nach herrschender Meinung bedeutet das Gleichberechtigungsgebot kein grundsätzliches Verbot eines Pflichtenzuwachses auf der Seite der Frau. Dieser Pflichtenzuwachs steht allerdings unter dem Gebot, Korrelat eines konkreten Rechtszuwachses zu sein.[37] Nach der Neufassung des § 1357 BGB durch Art. 1 Ziff. 4 des 1. EheRG stellt sich das Problem einer evtl. Verfassungswidrigkeit im Hinblick auf Art. 3 Abs. 2 GG nicht mehr, da die Schlüsselgewalt als Einräumung gesetz-

---

[31] Vgl. *Palandt*, 30. Aufl. 1971, Vorbemerkungen zu § 1357 BGB.
[32] Vgl. *Krüger / Breetzke / Nowack* (FN 26), § 1362, Rz. 1. (S. 299).
[33] *Palandt*, 44. Aufl. 1985, § 1362, Rz. 1.
[34] *Palandt*, 44. Aufl. 1985, § 1357, Rz. 1 b.
[35] *Palandt*, 44. Aufl. 1985, § 1357, Rz. 1 d.
[36] FamRZ 1976, S. 774.
[37] *Maunz / Dürig / Herzog / Scholz*, Art. 3, Rz. 46.

licher Vertretungsmacht für jeden Ehegatten gilt und daher die Verpflichtungsbefugnis für den anderen Ehegatten ohne Rücksicht auf die Verteilung über den Umfang der eigenen Haushaltsführungsbefugnis eintritt.[38] Da auch das Kriterium „innerhalb ihres häuslichen Wirkungskreises" im Sinne von § 1357 in der Fassung des Gleichberechtigungsgesetzes weggefallen ist, stellt sich allerdings nunmehr die Frage der Vereinbarkeit mit Art. 3 Abs. 1 GG; angesichts der Tatsache, daß § 1357 (wie § 1362 BGB) durch die Kreierung des anderen Ehegatten zum (Zweit-)Schuldner des Gläubigers auch das wirtschaftliche Substrat der Ehe betrifft, könnte Art. 6 Abs. 1 GG betroffen sein. In Anbetracht dessen, daß Art. 6 Abs. 1 GG nur die „Strukturprinzipien"[39] bzw. den „Ordnungskern"[40] der — konkreten[41] — Ehe erfaßt, wird ein Verstoß gegen Art. 6 Abs. 1 GG zu verneinen sein. Verfassungswidrigkeit im Rahmen des Art. 6 Abs. 1 GG kommt nur in Frage, wenn eine Rechtsvorschrift des einfachen Rechts die Bedeutung der Ehe oder der Familie als Institutionen des Soziallebens in verfassungswidriger Weise beeinträchtigt oder aber eine konkrete Benachteiligung einzelner Ehen oder Familien eine sichere und zwangsläufige Folge der normativen Regelung ist.[42]

c) Das eheliche Güterrecht

Auch im Bereich des ehelichen Güterrechts brach das Gleichberechtigungsgesetz mit dem patriarchalischen Prinzip des BGB, das durch den bis 31. 3. 1953[43] geltenden gesetzlichen Güterstand der ehemännlichen Verwaltung und Nutznießung zum Ausdruck gekommen war. Nachdem der Gesetzgeber dem Fristgebot des Art. 117 Abs. 1 GG nicht nachgekommen und ab 1. 4. 1953 anstelle des gesetzlichen Güterstandes Gütertrennung eingetreten war,[44] schlug der 1954 vorgelegte

---

[38] *Palandt*, 44. Aufl. 1985, § 1357, Rz. 1c; vgl. *Krüger / Breetzke / Nowack*, GleichberechtigungsG (FN 26), § 1357, Rz. 1 (S. 263 f.).

[39] BVerfGE 10, 66.

[40] BVerfGE 36, 69; vgl. *Pirson*, in: Bonner Kommentar, 38. Lieferg. 1978, Art. 6, Rz. 11.

[41] BVerfGE 6, 71; vgl. *Pirson*, Bonner Kommentar, 38. Lieferg. 1978, Art. 6, Rz. 34.

[42] *Pirson*, Bonner Kommentar, 38. Lieferg. 1978, Art. 6, Rz. 35.

[43] Art. 117 Abs. 1 GG.

[44] Vgl. *Palandt*, 44. Aufl. 1985, Rz. 3 vor § 1363; der 1. Regierungsentwurf von 1952 (BTDrs 3802) gelangte nicht zur Verabschiedung.

2. Regierungsentwurf[45] unter Ablehnung der sog. Errungenschaftsgemeinschaft die Zugewinngemeinschaft als gesetzlichen Güterstand vor.[46] Unter Rekurs auf die bereits von Otto von Gierke zum 1. Entwurf des BGB sowie auf den Juristentagen in Heidelberg (1924), Lübeck (1931) und Frankfurt (1950)[47] eingebrachten Vorschläge (Alternative einer Verbesserung des Erb- und Pflichtteils der Frau oder des Anteilserwerbs an dem in der Ehe Erworbenen) vereinigte der Familienrechtsunterausschuß die beiden aufgezeigten Lösungen insoweit, als er den im Regierungsentwurf vorgesehenen Ausgleich der Zugewinngemeinschaft grundsätzlich nur für die Fälle der Auflösung der Ehe, die nicht durch Tod erfolgen, vorsah, während bei Eheauflösung durch Tod der Ausgleich durch Erbteilserhöhung des überlebenden Ehegatten bewirkt wird (§ 1371 BGB).[48] Ungeachtet des am 1. 7. 1958 eintretenden gesetzlichen Güterstands der Zugewinngemeinschaft konnte die Ehefrau dem Ehemann die Verwaltung ihres Vermögens weiterhin im Sinne des vorigen Güterstands der ehemännlichen Verwaltung überlassen (§ 1413 BGB).[49] Daneben konnten die Ehegatten durch Ehevertrag (§ 1415 BGB) den Güterstand der Gütergemeinschaft mit der Folge der Gesamtgutsbildung (§§ 1416, 1419 BGB) und der Haftungserstreckung auf die Ehefrau vereinbaren. Die sich daraus ergebenden Gefahren kompensierte das Gleichberechtigungsgesetz dadurch, indem es die Verwaltung des Gesamtgutes durch einen der Ehegatten, also entweder durch Mann oder durch Frau (§§ 1422 ff. BGB) oder durch beide Ehegatten in Form der gemeinschaftlichen Verwaltung (§ 1421 BGB) zuließ.[50] Art. 8 Abs. 1 Ziff. 6 des Gleichberechtigungsgesetzes sah für jene Ehen eine Fiktion der Ver-

---

[45] BTDrs 224.
[46] Die Errungenschaftsgemeinschaft lehnte der 2. Regierungsentwurf in ausführlicher Stellungnahme (S. 34 ff.) wegen der Verdinglichung durch die Gesamtgutsbildung, die damit verbundene, für die Frau gefährliche Haftungserstreckung sowie wegen der wirtschaftlichen Schwerfälligkeit und wegen der Schwierigkeiten der Auseinandersetzung ab (vgl. *Palandt*, 44. Aufl. 1985, Anm. 4 vor § 1363 BGB).
[47] Vgl. *Palandt*, 44. Aufl. 1985, Anm. 2 vor § 1363.
[48] Vgl. *Krüger / Breetzke / Nowack*, GleichberechtigungsG (FN 26), Anm. 4 ff. vor § 1363 (S. 304 ff.).
[49] *Palandt*, 44. Aufl. 1985, Anm. 5c vor § 1363; *Krüger / Breetzke / Nowack*, GleichberechtigungsG (FN 26), Anm. 3 vor § 1408 (S. 408).
[50] *Palandt*, 44. Aufl. 1985, Anm. 1 vor § 1415; Anm. 4 vor § 1363.

einbarung des Güterstands der Gütergemeinschaft vor, die zur Zeit des Inkrafttretens im vertraglichen Güterstand der sog. allgemeinen Gütergemeinschaft des BGB sich befunden hatten (Art. 8 Abs. 1 Ziff. 6 Abs. 1, 1. Halbs. GleichberechtigungsG).

Damit führte das Gleichberechtigungsgesetz den Grundsatz durch, daß Eheverträge bestehen blieben und insoweit vom Gleichberechtigungsgesetz nicht betroffen waren, als die allgemeine Gütergemeinschaft vor dem 1. 4. 1953 vereinbart war (weiterhin Verwaltung des Gesamtguts durch den Mann im Sinne des § 1422 BGB n. F. gem. Art. 8 Abs. 1 Ziff. 6 Abs. 2, 1. Halbs. GleichberechtigungsG).[51]

Die Errungenschaftsgemeinschaft (§§ 1519 - 1548 a. F. BGB) sowie die Fahrnisgemeinschaft (§§ 1549 - 1557 a. F. BGB) entfielen als mögliche Güterstände ganz (Art. 1 Ziff. 15 iVm Art. 8 Abs. 1 Ziff. 7 GleichberechtigungsG).[52]

d) Das Recht der elterlichen Sorge

Während die Regelungen des ehelichen Güterrechts dem Grundsatz der Gleichbehandlung der Geschlechter, gleichzeitig aber auch dem im ehelichen Güterrecht nicht minder wirksamen Grundsatz der Privatautonomie Rechnung trugen, mußte die Neuregelung des Rechts der elterlichen Sorge durch das Gleichberechtigungsgesetz grundsätzliche Kritik herausfordern. Während § 1626 Abs. 1 BGB unverändert blieb und insbesondere den sich aus dem römischen Recht herleitenden Ausdruck der patria postestas beibehielt[53], konstituierte § 1626 Abs. 2 in der Fassung des Gleichberechtigungsgesetzes (als mixtum compositum von § 1627 a. F. BGB und § 1630 Abs. 1 a. F. BGB) das Recht und die Pflicht von Vater und Mutter, für die Person und das Vermögen des Kindes zu sorgen (vgl. § 1626 Abs. 1 Satz 2 i. d. F. des SorgRG). Die Neuregelung des § 1627 BGB schrieb den Eltern in Satz 2 bei Meinungsverschiedenheiten über die Handhabung der elterlichen Gewalt den „Versuch" vor, sich zu einigen.

---

[51] *Palandt*, 44. Aufl. 1985, Anm. 3 b vor § 1415.
[52] Vgl. den 2. Regierungsentwurf (BTDrs 224, S. 34 ff.) sowie *Palandt*, 44. Aufl. 1985, Anm. 4 vor § 1363.
[53] Vgl. FN 25; Art. 1 Ziff. 2 des SorgRG hat in der Neufassung des § 1626 Abs. 1 Satz 1 BGB zumindest den Charakter der elterlichen „Sorge" als Recht des Kindes mehr betont (vgl. *Palandt*, 44. Aufl. 1985, § 1626, Rz. 1).

2. GleichberechtigungsG 1957, 1. EheRG 1976, SorgRG 1979

Unvereinbar hiermit[54] sah § 1628 Abs. 1, 1. Halbs. BGB i. d. F. des Gleichberechtigungsgesetzes den Letztentscheid des Vaters vor. Die Bundestagsdebatte über diesen sog. Letzt- oder Stichentscheid des Vaters zeigte indes, daß der Gesetzgeber in wichtigen Bereichen nicht bereit war, dem Gebot des Art. 3 Abs. 2 iVm Art. 117 Abs. 1 GG zu folgen.[55] Dies muß um so mehr erstaunen, als das Bundesverfassungs-

---

[54] So bereits *Krüger / Breetzke / Nowack*, GleichberechtigungsG (FN 26), Anm. 4 vor § 1627 (S. 507) und Anm. A 1 zu § 1628 (S. 521 f.); vgl. hierzu *Garbe-Emden*, Gleichberechtigung durch Gesetz (FN 1), S. 27 f.

[55] Die — im wesentlichen patriarchalisch-paternalistische — Diskussion im Deutschen Bundestag über Änderung des § 1628 Abs. 1 BGB verdient in Grundzügen wiedergegeben zu werden.
So führte Dr. *Weber* (CDU/CSU) aus: „Wir kennen in Gemeinschaften vielfach das sog. Zweier-Problem: Man kann jedoch zu einer Entscheidung nicht kommen, wenn sich zwei gleichberechtigt gegenüberstehen. Wenn diese Gemeinschaft aber eine Entscheidung soll treffen können, dann muß eine Regelung vorgesehen sein, nach der der eine oder andere sie treffen kann. Weshalb muß und soll der Mann diese Entscheidung treffen? Die Begründung entnehmen wir aus der ganzen Entwicklung seit Jahrhunderten ..."
(Zitiert nach *Krüger / Breetzke / Nowack*, GleichberechtigungsG, Anm. 4 vor § 1628, S. 508.)
Der Abgeordnete Dr. *Wahl* (CDU/CSU) erklärte u. a.: „Und wenn sie sich nicht einig werden? Hier treten nun die bekannten Schwierigkeiten der Zweiergruppe auf. In Rom haben zwei Konsuln gleichberechtigt Staatsgeschäfte geführt. Im Krieg wurde dann schließlich, um den klaren Oberbefehl sicherzustellen, tagtäglich die Kommandogewalt gewechselt. Über ein Jahrhundert lang folgten in Preußen die Söhne der Konfession des Vaters, die Töchter der Konfession der Mutter. ... Die Schutzfunktion des Mannes, die sich auf einem ganz anderen Gebiete — in seiner alleinigen Heranziehung zur Wehrpflicht — auswirkt, ist nun einmal von der Rechtsordnung in besonderem Maße herauszustellen. Der Gesetzgeber kann nicht das, was eine jahrhundertelange Entwicklung hervorgebracht hat, mit einem Federstrich beseitigen."
(Zitiert nach *Krüger / Breetzke / Nowack*, GleichberechtigungsG, Anm. 12 vor § 1628, S. 513.)
Der Änderungsantrag von Dr. *Schwarzhaupt* (CDU/CSU) sah in § 1628 Abs. 1 BGB die Anrufung des Vormundschaftsgerichts durch einen Elternteil vor, wenn sich die Eltern in einer Angelegenheit von erheblicher Bedeutung nicht einigen können. Demzufolge sollte ein Elternteil ohne die Mitwirkung des anderen Elternteils bestimmte Angelegenheiten regeln können (§ 1628 a des Änderungsantrags). § 1629 sah hingegen in Abs. 1 Satz 2 die gemeinschaftliche Vertretung des Kindes durch die Eltern vor. Dieser Antrag wurde mit 185:165 Stimmen bei einer Enthaltung abgelehnt.
Die Rechtsprechung hingegen hatte zum überwiegenden Teil § 1628 Abs. 1 Satz 2 BGB ignoriert und war den im Urteil des Bundesverfassungs-

gericht in seiner Entscheidung vom 18. 12. 1953[56] zwar zur „meist umstrittenen Frage der Entscheidungsbefugnis des Ehemannes und Vaters" nicht Stellung genommen hatte, aber unter Berufung auf obergerichtliche Urteile[57] von dem Grundsatz ausgegangen war, daß die elterliche Gewalt Vater und Mutter gemeinsam zusteht. Folgerichtig erkannte daher das Bundesverfassungsgericht in seinem Urteil vom 29. 7. 1959[58] auf Unvereinbarkeit und damit Nichtigkeit des § 1628 BGB und aufgrund des „engen inneren Zusammenhangs"[59] auch des in § 1629 Abs. 1 BGB (i. d. F. durch Art. 1 Ziff. 22 des Gleichberechtigungsgesetzes) niedergelegten gesetzlichen Vertretungsrechts des Vaters. Die durch die Entscheidung des Bundesverfassungsgerichts entstehende Lücke wurde erst durch Art. 1 Ziff. 4 des SorgRG behoben, der in § 1629 Abs. 1 Satz 2 BGB die gemeinschaftliche Vertretungsbefugnis der Eltern niederlegte (in Kraft seit 1. 1. 1980 gem. Art. 9 Abs. 4 des SorgRG).[60]

---

gerichts vom 18. 12. 1953 (NJW 1954, S. 65) niedergelegten Grundsätzen über die grundsätzliche Gleichberechtigung von Mann und Frau gefolgt (vgl. etwa die Urteile OLG Celle, FamRZ 1955, S. 213; OLG Frankfurt, FamRZ 1954, S. 21; BayObLG, FamRZ 1956, S. 89; OLG Karlsruhe, NJW 1956, S. 672; LG Hildesheim, FamRZ 1955, S. 90; *demgegenüber*: BGH, MDR 1957, S. 52; LG Duisburg, FamRZ 1956, S. 20); vgl. für Einzelprobleme: *Krüger / Breetzke / Nowack*, GleichberechtigungsG, Anm. 4 zu § 1628 BGB (S. 525 ff.).
Zur Behandlung der Frauenfrage in der Programmatik der politischen Parteien vgl.: Die Rolle der Frau in der Gesellschaft. Textauszüge aus den Programmen der Parteien seit 1949 (= Deutscher Bundestag, Verwaltung. Hauptabteilung Wissenschaftliche Dienste. Materialien Nr. 75), Bonn 1982.

[56] NJW 1954, S. 65 ff.

[57] OLG Hamm, NJW 1953, S. 1354; LG Kassel, NJW 1953, S. 989; LG Hamburg, NJW 1953, S. 1106.

[58] NJW 1959, S. 1483.

[59] BVerfG, NJW 1959, S. 1487.

[60] Zur Problematik der schwebenden Unwirksamkeit der vom Vater allein vorgenommenen Rechtsgeschäfte vgl. *Palandt*, 44. Aufl. 1985, § 1629, Rz. 7 B. — Zum 1. EheRG 1976 sowie zum SorgRG 1979 vgl.: Reform des Familienrechts in der Bundesrepublik Deutschland (1969 - 1982), (= Deutscher Bundestag, Verwaltung. Hauptabteilung Wissenschaftliche Dienste. Bibliographien Nr. 54), Bonn 1982.

3. Das GleichbehandlungsG 1980

War die Geltung des Gleichbehandlungsgrundsatzes im Ehe- und Familienrecht durch Gleichberechtigungsgesetz, 1. EheRG und SorgRG sichergestellt, so blieb das Arbeitsrecht bis zum Gesetz über die Gleichbehandlung von Männern und Frauen am Arbeitsplatz und über die Erhaltung von Ansprüchen bei Betriebsübergang (Arbeitsrechtliches EG-Anpassungsgesetz vom 13. Aug. 1980[61]) aufgrund der allgemein für zulässig erachteten sog. Leichtlohngruppen und der Berücksichtigung sog. funktional-arbeitsteiliger Unterschiede eine Domäne der Ungleichbehandlung der Geschlechter.[62] Das Gleichbehandlungsgesetz von 1980, in der Literatur als „neuer Höhepunkt an Gesetzgebungsdilettantismus"[63] geschmäht, begründet in § 611 a Abs. 1 Satz 1 BGB ein Verbot der Benachteiligung bei Begründung des Arbeitsverhältnisses beim beruflichen Aufstieg, bei einer Weisung oder

---

[61] BGBl 1980 I, S. 1380.

[62] Eine ähnliche Entwicklung — freilich unter den Vorzeichen einer Ungleichbehandlung „kraft Tradition" — war bis vor kurzem für das Internationale Ehegüterrecht sowie für das Ehescheidungsrecht zu verzeichnen. Art. 15 Abs. 1, Abs. 2, 1. HS EGBGB (hierzu: BVerfGE 63, 181 = NJW 1983, 1968 = JZ 1983, 386; *Taupitz*, Jochen, Verfassungskonforme Ersatzanknüpfung im Internationalen Ehegüterrecht und maßgeblicher Zeitpunkt, NW 1986, S. 616; *Bar*, Christian von / *Ipsen*, Jörn, Die Durchsetzung des Gleichberechtigungsgrundsatzes im Internationalen Ehegüterrecht, NJW 1985, S. 2849) und Art. 17 Abs. 1 EGBGB (hierzu: BVerfGE 68, 384 = NJW 1985, S. 1282 = JZ 1985, S. 382; *Rauscher*, Thomas, Nichts Neues zu Art. 17 EGBGB?, JZ 1985, S. 518), die beide hinsichtlich des ehelichen Güterrechts (Art. 15 EGBGB) bzw. des Scheidungsrechts (Art. 17 EGBGB) an das Heimatrecht des Ehemannes zur Zeit der Klageerhebung anknüpfen, wurden durch das Bundesverfassungsgericht als gegen Art. 3 Abs. 2 GG verstoßend und daher nichtig erkannt. In ähnlicher Weise wurde § 606 b Nr. 1 ZPO als mit Art. 3 Abs. 2 GG unvereinbar und damit verfassungswidrig erklärt, soweit an das Heimatrecht des Mannes angeknüpft wird (BVerfG, NJW 1986, S. 658 m. Anm. *Geimer*; vgl. bereits BGHZE 86, 57 = NJW 1983, S. 1259 = FamRZ 1983, S. 255; AG Landstuhl, NJW 1986, S. 669; zu unterschiedlichen Konsequenzen der Verfassungswidrigkeitserklärung von § 606 b Nr. 1 ZPO einerseits, der Nichtigerklärung von Art. 15 Abs. 1, Abs. 2, 1. HS, 17 Abs. 1 EGBGB vgl. *Winkler von Mohrenfels*, Peter, Zur Verfassungswidrigkeit des § 606 b Nr. 1 ZPO, NJW 1986, S. 639); vgl. im übrigen *Garbe-Emden*, Gleichberechtigung durch Gesetz (FN 1), S. 55 ff. sowie S. 72 FN 1 m. w. N.

[63] *Palandt*, 44. Aufl. 1985, § 611 a, Rz. 1. Zu den Erfahrungen in der Praxis, vgl. DAG, Gleichbehandlung von Männern und Frauen am Arbeitsplatz (Umfrage zum EG-Anpassungsgesetz), Hamburg 1982.

einer Kündigung wegen des Geschlechts. Eine unterschiedliche Behandlung ist gem. § 611 a Abs. 1 Satz 2 nur dann zulässig, soweit eine Vereinbarung oder eine Maßnahme die Art der vom Arbeitnehmer auszuübenden Tätigkeit zum Gegenstand hat und ein bestimmtes Geschlecht unverzichtbare Voraussetzung für diese Tätigkeit ist. Hierfür ist ein im Rahmen des Art. 3 Abs. 1 hinreichender sachlicher Differenzierungsgrund nicht genügend.[64]

Von außerordentlicher Bedeutung ist die Umkehrung der Beweislast durch § 611 a Abs. 1 Satz 3 BGB; der Arbeitgeber ist beweisbelastet also für Tatsachen, aus denen sich Gründe ableiten lassen, welche die im konkreten Fall bewirkte Benachteiligung objektiv rechtfertigen sowie dafür, daß ein bestimmtes Geschlecht als unverzichtbare Voraussetzung im Sinne des § 611 a Abs. 1 Satz 2 BGB gelten darf.[65] Freilich ist der in § 611 a Abs. 2 BGB statuierte Schadensersatzanspruch für den Fall, daß ein Arbeitnehmer darauf vertraute, die Begründung des Arbeitsverhältnisses werde nicht wegen eines Verstoßes gegen § 611 a Abs. 1 BGB unterbleiben, die einzige Rechtsfolge. Ein Erfüllungsanspruch entsteht nicht, da § 611 a Abs. 2 BGB ausdrücklich nur den Vertrauensschaden, d. h. das negative Interesse gewährt.[66] Damit ist der rechtliche Schutz eines Arbeitnehmers, der sich auf ein Verbot gegen § 611 a Abs. 1 BGB beruft, freilich unvollständig geblieben. Diese Unvollständigkeit wird insbesondere an der Lex imperfecta des § 611 b BGB deutlich, für die die herrschende Meinung wohl zutreffenderweise bei einem Verstoß gegen die geschlechtsneutrale Arbeitsplatzausschreibungspflicht einen Schadensersatzanspruch verneint.[67]

---

[64] So aber *Palandt*, 44. Aufl. 1985, § 611a, Rz. 2 b, bb unter Berufung auf *Eich*, NJW 1980, S. 2329; vgl. hierzu weiterhin *Garbe-Emden*, Gleichberechtigung durch Gesetz (FN 1), S. 114 ff.

[65] Vgl. *Palandt*, 44. Aufl. 1985, § 611a, Rz. 3.

[66] Vgl. *Palandt*, 44. Aufl. 1985, § 611a, Rz. 4. — Zum Stand der Antidiskriminierungsgesetzgebung in Großbritannien, den USA und Kanada vgl. *Andiappan*, P., Public Policy and Equal Pay: A Comparative Study of Equal Pay-Laws in Canada, USA, U. K., Revue Internationale des Sciences Administratives, 1985, Heft 1, sowie die Zusammenfassung in: Verwaltungswissenschaftliche Informationen, 1985, S. 44 ff.

[67] Vgl. *Palandt*, 44. Aufl. 1985, Anm. zu § 611b sowie *Pabst*, Franziska / *Slupik*, Vera, Die geschlechtsneutrale Arbeitsplatzausschreibung gem. § 611 b BGB. Zur Wirksamkeit arbeitsrechtlicher Sollvorschriften am Beispiel des Anzeigenmarktes für juristische Berufe, ZRP 1984, S. 178 ff.

3. Das GleichbehandlungsG 1980

Vom Gesetzgeber ausdrücklich als Erfüllungsanspruch gedacht ist hingegen die Neuregelung des § 612 Abs. 3 BGB, die dem Arbeitgeber verbietet, für gleiche oder gleichwertige Arbeit wegen des Geschlechts des Arbeitnehmers eine geringere Vergütung zu vereinbaren. Im Falle eines Verstoßes gegen § 612 Abs. 3 Satz 1 BGB ist der Anspruch auf Lohndifferenz nicht als Schadensersatzanspruch zu behandeln.[68]

Die politisch wie rechtsdogmatisch brisanteste Regelung ist in § 612 Abs. 3 Satz 2 BGB enthalten, wonach die Vereinbarung einer geringeren Vergütung nicht dadurch gerechtfertigt wird, daß wegen des Geschlechts des Arbeitnehmers besondere Schutzvorschriften gelten. Hier sind insbesondere die nach herrschender Meinung dem Differenzierungsverbot des Art. 3 Abs. 2 GG standhaltenden Vorschriften des Mutterschutzgesetzes sowie der Arbeitszeitordnung[69] gemeint.[70] Wenngleich der Hinweis, dies entspreche ständiger Rechtsprechung des Bundesarbeitsgerichts, zutreffend ist, zeigt jedoch insbesondere der sog. „Heinze-Fall", daß die Landesarbeitsgerichte diesem Grundsatz dann nicht Rechnung trugen, wenn es sich um das Nachtarbeitsverbot handelte.[71]

Die Regelungen der § 611 a Abs. 1 Satz 1 und § 611 a Abs. 1 Satz 3 BGB entsprechen im wesentlichen den auf dem 50. Deutschen Juristentag vorgebrachten Thesen des Referenten der arbeitsrechtlichen Abteilung, Säcker.[72] Dieser hatte vorgeschlagen, in das geplante Gesetzbuch der Arbeit eine in Anlehnung an § 26 Abs. 2 GWB konzipierte Vorschrift folgenden Inhalts aufzunehmen:

„Unternehmen dürfen bei Einstellungen, Versetzungen, Umgruppierungen und Beförderungen Frauen weder unmittelbar noch mittelbar unbillig behindern oder gegenüber Männern ohne sachlich gerechtfertigten Grund unmittelbar oder mittelbar unterschiedlich behandeln."

---

[68] *Palandt*, 44. Aufl. 1985, § 612, Rz. 4 d.
[69] Vgl. weiter unten II 4 a, ee.
[70] Vgl. *Palandt*, 44. Aufl. 1985, Anm. 8 c vor § 611; § 612, Rz. 4 f.
[71] LAG Rhpf und LAG Hamm; vgl. *Kaiser*, Marianne (Hrsg.), Wir wollen gleiche Löhne! Dokumentation zum Kampf der 29 „Heinze-Frauen" (= rororo Nr. 4623), Reinbek 1980, S. 96.
[72] Verhandlungen des 50. Deutschen Juristentages, München 1974, Bd. 2 (Sitzungsberichte), Ergänzungsthese 9 a, L 147.

Die vom Gesetzgeber gewählte Lösung hat insoweit den Vorzug, auf den unbestimmten Rechtsbegriff „unbillig" zu verzichten und schlechterdings jede Benachteiligung (§ 611a Abs. 1 Satz 1 BGB) zu verbieten. Der Vorschlag Säckers zielte freilich darauf ab, im Falle gleichwertiger Qualifikation die Zahl der freien Plätze bzw. Beförderungsstellen entsprechend der Zahl der in Betracht kommenden Bewerbungen proportional auf Männer und Frauen aufzuteilen.[73] Darüber hinaus sollte durch Vereinbarungen der Kollektivvertragsparteien eine proportionale Berücksichtigung von Frauen in Führungspositionen von Unternehmen gesichert werden.[74]

4. Die Anwendung des Art. 3 Abs. 2 GG durch die Rechtsprechung

Entsprechend der materiellen Bedeutung des Gleichberechtigungssatzes — ausgehend von dem Paradigma der Gleichwertigkeit der Geschlechter[75] — gebietet Art. 3 Abs. 2 GG nach herrschender Mei-

---

[73] a.a.O., L 34 f. — Zu den rechtstatsächlichen Befunden vgl. die von der Gesellschaft für Wohnungs- und Siedlungswesen — Institut für Stadt-, Regional- und Wohnforschung — im Auftrage der „Leitstelle Gleichstellung der Frau" des Hamburger Senats durchgeführte Untersuchung „Chancengleichheit von Frauen und Männern im öffentlichen Dienst in Hamburg" vom Juli 1980, die für die Bereiche mittlerer und gehobener Dienst sowie in der Differenzierung nach Alterskohorten zu dem Ergebnis kommt, daß der Frauenanteil im gehobenen Dienst bzw. bei den über 40jährigen überproportional abnimmt (S. 11 f.). Die — faktisch beobachtbare — Benachteiligung von Frauen stimmt dabei mit der Selbsteinschätzung der Betroffenen überein (vgl. S. 181 f.). — Für den Bereich der Bundesverwaltung vgl. Inter-Management, Sozialforschung und Organisationsberatung GmbH, Zur Problematik der Gleichberechtigung der Frau in der Bundesverwaltung. Dargestellt am Beispiel des Bundesministeriums des Innern (= Schriftenreihe des Bundesministeriums des Innern, Bd. 13), Stuttgart/Berlin/Köln/Mainz 1981 sowie *Herrmann-Langkau*, Monika / *Langkau*, Jochen / *Weinert*, Rainer / *Nijedlo*, Raja, Frauen im Öffentlichen Dienst (Wirtschaft und Beschäftigung, Bd. 1 des Forschungsinstituts der Friedrich-Ebert-Stiftung), Bonn 1983; zu ausländischen Erfahrungen vgl. *Kuruvilla*, P. K., Representation of Women in the Public Service: The Canadian Experience, Journal of Public Administration 1983, S. 97 ff. sowie *Deacon*, Desley, The Employment of Women in the Commonwealth Public Service: The Creation and Reproduction of a Dual Labour Market, American Journal of Public Administration 1982, S. 232 ff.

[74] Verhandlungen des 50. Deutschen Juristentages München 1974, Bd. 2 (Sitzungsberichte), L 148.

[75] Vgl. *Maunz / Dürig / Herzog / Scholz*, Anm. 13 zu Art. 3 Abs. 2 GG.

4. Die Anwendung des Art. 3 Abs. 2 GG durch die Rechtsprechung

nung keine formale, sondern eine die funktionale Verschiedenheit der Geschlechter berücksichtigende sinngemäße Gleichheit. Dieser Grundsatz äußert sich im Epitheton der herrschenden Meinung, Art. 3 Abs. 2 GG fordere nicht die absolute, sondern nur die relative, nicht die formale, sondern die sinngemäße Gleichheit.

a) Biologische Unterschiede als Anknüpfungspunkt

Die biologische Verschiedenheit der Geschlechter und deren Auswirkung auf Psyche und Physis fordern daher nach herrschender Meinung eine differenzierende Regelung für die Lebenssachverhalte Menstruation, Defloration, Schwangerschaft, Geburt, Stillzeit und Klimakterium.[76]

Freilich ergibt die Prüfung der von Gesetzgebung und Rechtsprechung entwickelten Theoreme hierzu, daß diese vornehmlich durch ein paternalistisches Verständnis gekennzeichnet sind, das weniger von dem durch das Bundesverfassungsgericht entwickelten theoretischen Konstrukt der typisierenden Betrachtungsweise[77], sondern im wesentlichen von dem Annäherungswert „Frau = schutzbedürftig" gekennzeichnet sind.[78] So mag zwar die Anerkennung prämenstrueller, menstrueller und klimakterieller Einwirkungen auf biologischen Rhythmus und psychische Verfaßtheit der Frau als Schuldminderungsgrund im Sinne des § 21 StGB zu billigen sein[79]; andererseits zeigt bereits die zu § 1300 BGB entwickelte Rechtsprechung, daß Anknüpfungspunkt für die gesetzliche Regelung nicht der lediglich von einem Geschlecht zu verwirklichende Lebenssachverhalt, sondern die gesellschaftliche Zuweisung einer besonderen Wertigkeit ist.

aa) Der Kranzgeldanspruch nach § 1300 BGB

§ 1300 BGB, der der unbescholtenen Verlobten, die ihrem Verlobten die Beiwohnung gestattet hat, eine billige Entschädigung in Geld

---
[76] Zur Bedeutung der biologischen Unterschiede vgl. Pkt. II 4 b, dd.
[77] Vgl. *Maunz / Dürig / Herzog / Scholz*, Anm. 13 zu Art. 3 Abs. 2 GG, FN 3 im Hinblick auf *Gernhubers* Familienrecht, 2. Aufl. 1971, § 6 II 5, S. 47.
[78] Vgl. *Ochmann*, Albert, Diebstahlsdelikte von Frauen und ihre Ursachen, Hamburg 1965, S. 81 ff.
[79] BVerfG NJW 1972, S. 571; so bereits BGHZE 20, 195; 62, 282; vgl. *Palandt*, 44. Aufl. 1985, Anm. 1 zu § 1300 BGB.

zuerkennt, ist nach herrschender Meinung deshalb mit Art. 3 Abs. 2 GG vereinbar, da er kein Vorrecht der Frau enthalte, sondern die weibliche Geschlechtsehre schütze.[80] Das Gleichberechtigungsgesetz hat § 1300 daher unverändert gelassen. Bereits *Dürig* hat darauf hingewiesen, daß anspruchsbegründender Tatbestand nicht die in der biologischen Verschiedenheit der Geschlechter begründete Defloration, sondern die Verletzung der Geschlechtsehre, d. h. die auf gesellschaftliche Auffassungen gegründete „Unbescholtenheit" ist.[81] „Als ‚Ausgleich für verminderte Heiratschancen'[123] kann § 1300 BGB, der in einer bestimmten historisch-gesellschaftlichen Situation durchaus sinnvoll und notwendig gewesen sein mag, für uns nur noch peinliches Eingeständnis einer ziemlich unmoralischen Verfassung der Gesellschaft sein, die mit Art. 3 in scharfem Widerspruch steht."[82] Die Sinnwidrigkeit des § 1300 BGB wird besonders dann evident, wenn man sich etwa die dem Urteil des OLG Nürnberg vom 21. 9. 1971 eigene Begründung betrachtet, die bei der Bemessung des Schadens der verlassenen Braut, die „Minderung der Heiratsaussichten" erst in zweiter Linie, vorrangig jedoch den der Enttäuschten zugefügten „seelischen Schmerz und die ihr angetane Kränkung" maßgebend sein läßt.

bb) Strafbarkeit der männlichen Homosexualität

Fraglich bleibt auch, ob der Unterschied zwischen Mann und Frau in bezug auf die Sexualität der Geschlechter „den Lebenssachverhalt so entscheidend prägt, daß etwa vergleichbare Elemente daneben vollkommen zurücktreten"[83], so daß Strafbarkeit der einfachen mann-männlichen Homosexualität nach § 175 StGB a. F. und Straflosigkeit der Homosexualität unter Frauen nebeneinander bestehen konnten, ohne daß Art. 3 Abs. 2 GG verletzt war.[84] Zwar ist die Strafbarkeit der einfachen mann-männlichen Homosexualität durch das 1. Gesetz zur Reform des Strafrechts[85] beseitigt worden, die Einführung ver-

---

[80] *Maunz / Dürig / Herzog / Scholz,* Anm. 15 zu Art. 3 Abs. 2 GG.

[81] OLG Nürnberg, FamRZ 1972, S. 206, 208.

[82] *Maunz / Dürig / Herzog / Scholz,* Anm. 15 zu Art. 3 Abs. 2 GG.

[83] BVerfGE 6, 389, 422.

[84] *Maunz / Dürig / Herzog / Scholz,* Anm. 16 zu Art. 3 Abs. 2 GG; vgl. hierzu auch *Garbe-Emden,* Gleichberechtigung durch Gesetz (FN 1), S. 30 f.

4. Die Anwendung des Art. 3 Abs. 2 GG durch die Rechtsprechung

schiedener Schutzalter in § 175 Abs. 1 Nr. 1 StGB i. d. F. des 1. Gesetzes zur Reform des Strafrechts vermochte zwar dem Differenzierungsverbot des Art. 3 Abs. 1 GG ebenfalls nicht standzuhalten, war aber — worauf *Dürig* zu Recht hinweist[86] — kaum über Art. 3 Abs. 2 GG angreifbar.

cc) Die Sperrklausel des § 8 Abs. 1 EheG

Wenngleich die Begründung einer rechtlichen Differenzierung zwischen mann-männlicher Homosexualität und weiblicher Homosexualität mit der Notwendigkeit von Ordnungsfunktionen zweifelhaft ist, kann die in § 8 EheG i. d. F. des Familienrechtsänderungsgesetzes[87] getroffene Regelung nunmehr keinen Bedenken mehr begegnen. § 8 Abs. 1 EheG verbietet die Eingehung einer neuen Ehe vor Ablauf von 10 Monaten nach der Auflösung der Ehe oder ihrer Nichtigerklärung, es sei denn, daß die Frau inzwischen geboren hat. Sinn dieser Differenzierung — der Mann kann nach Nichtigkeit oder Auflösung einer Ehe sofort wieder heiraten — ist es, sicherzustellen, daß der Status eines im Verlauf dieser 10 Monate geborenen Kindes sichergestellt ist. Anknüpfungspunkt ist also hier wiederum der nur vom weiblichen Geschlecht zu erfüllende Tatbestand (Schwangerschaft und Geburt).

dd) Die Regelungen des MuSchG

Dies gilt auch für die Regelungen des Gesetzes zum Schutze der erwerbstätigen Mutter (Mutterschutzgesetz).[88] Die Zielrichtung des

---

[85] Vom 25. 9. 1969 (BGBl I, S. 645).

[86] *Maunz / Dürig / Herzog / Scholz*, Anm. 16 zu Art. 3 Abs. 2 GG, FN 1; § 175 StGB i. d. F. d. 4. StRG vom 23. 11. 1973 (BGBl I, S. 1725) hat dem Beschluß des Bundesverfassungsgerichts vom 2. 10. 1973 (BGBl I, S. 1607) Rechnung getragen, demzufolge § 175 Abs. 1 Nr. 1 StGB i. d. F. d. 1. Gesetzes zur Reform des Strafrechts vom 25. 9. 1969 „jedenfalls insoweit mit dem Grundgesetz vereinbar" war, als danach ein Mann über 18 Jahren, der mit einem Manne unter 18 Jahren Unzucht trieb oder sich von ihm zur Unzucht mißbrauchen ließ, bestraft wird.

[87] FamRÄG vom 11. 8. 1961 (BGBl I, S. 1221), vgl. insoweit *Maunz / Dürig / Herzog / Scholz*, Anm. 17 zu Art. 3 Abs. 2 GG; zur beamtenrechtlichen Stellung vgl. allg. *Büchner*, Die beamtenrechtliche Stellung der Frau seit 1919, RiA 1983, S. 2 ff.

[88] Vom 24. 1. 1952 i. d. F. d. Gesetzes vom 28. 4. 1968 (BGBl I, S. 315), ge-

MuSchG ist vom Bundesverfassungsgericht wie folgt beschrieben worden:

„Der gesetzliche Mutterschutz verfolgt ganz allgemein das Ziel, den Widerstreit zwischen den Aufgaben der Frau als Mutter und ihrer Stellung im Berufsleben als Arbeitnehmerin im Interesse der Gesunderhaltung von Mutter und Kind auszugleichen. Insoweit verwirklicht das Mutterschutzgesetz zu einem Teil das Verfassungsgebot des Art. 6 Abs. 4 GG."[89]

Die im MuSchG geregelten Beschäftigungsverbote der §§ 3, 4, 6, 8 verfolgen daher den Zweck, der besonderen physischen Konstitution werdender und stillender Mütter gerecht zu werden. Folgerichtig enthalten die Kompensationsnormen der §§ 11 und 13 MuSchG Regelungen über die Fortzahlung von Mutterschutzlohn (§ 11) bzw. Mutterschaftsgeld (§ 13) für jene Frauen, die entweder wegen eines Beschäftigungsverbots nach den §§ 3 Abs. 1, 4, 6 Abs. 2, Abs. 3, 8 Abs. 1, Abs. 3, Abs. 5 (ohne Mutterschaftsgeld nach den §§ 195 f. RVO iVm § 13 Abs. 1 MuSchG zu beziehen) keine Lohnbezüge erhalten oder aber unter die Regelungen der §§ 3 Abs. 2, 6 Abs. 1 sowie 8 a MuSchG fallen.[90] Schwierigkeiten ergeben sich indessen nicht aufgrund der rechtlichen Beurteilung der Regelungen des Mutterschutzgesetzes, sondern

---

ändert durch Gesetz vom 27. 6. 1979 (BGBl I, S. 823). Vorläufer des Mutterschutzgesetzes war die Novelle zur Gewerbeordnung vom 17. 7. 1878 (3wöchiges Beschäftigungsverbot für Wöchnerinnen nach der Niederkunft), das „Gesetz über die Beschäftigung vor und nach der Niederkunft" vom 16. 7. 1927 (RGBl I, S. 184) sowie das unter der faschistischen Diktatur erlassene „Gesetz zum Schutze der erwerbstätigen Frau" vom 17. 5. 1942 (RGBl I, S. 321). — *Kittner* (Arbeits- und Sozialordnung. Ausgewählte und eingeleitete Gesetzestexte, 11. Aufl., Köln 1986, S. 749) weist zu Recht darauf hin, daß es weniger um den Schutz der „im Erwerbsleben stehenden Frau vor Gefahren für ihre Mutterschaftsleistung..." zur „Sicherstellung einer ungestörten Schwangerschaft und (des) Geburtenverlaufs" ging, sondern insbesondere um die kriegswirtschaftlich notwendig gewordene Integration der Frauen in die sog. „Heimatfront".

[89] BVerfG NJW 1974, S. 1406.

[90] Auf die Frage, ob die in § 11 Abs. 1 Satz 1 MuSchG niedergelegte Zahlungsverpflichtung des Arbeitgebers wegen Verstoßes gegen Art. 6 Abs. 4 GG (Schutz und Fürsorge der *Gemeinschaft*) verfassungswidrig sei, kann hier nicht eingegangen werden; vgl. hierzu *Hoffmann-Bludau*, Das Gleichberechtigungsgebot im Arbeits- und Sozialversicherungsrecht (Veröffentlichung des Forschungsinstituts der Friedrich-Ebert-Stiftung), Bonn-Bad Godesberg 1972, S. 51 sowie BVerwG Beschluß vom 2. 7. 1981, S. 4 f. unter Verweis auf BVerfGE 37, 121.

4. Die Anwendung des Art. 3 Abs. 2 GG durch die Rechtsprechung

aus den faktischen Auswirkungen auf die allgemeine Arbeitsmarktsituation der Frauen, wie sie etwa vom BDA geäußert wurden:

„Eine über den gut ausgebauten Mutterschutz hinausgehende Regelung — wie das bei Schutzbestimmungen für spezielle Personengruppen leicht der Fall ist — birgt die Gefahr von Nachteilen für die beruflichen Chancen jüngerer Frauen in sich. Es muß auch hier befürchtet werden, daß die Arbeitsmarktsituation dieses Personenkreises negativ beeinflußt wird. ... Die Personaldispositionen in den Betrieben werden durch die geplante gesetzliche Regelung außerordentlich erschwert. Dies gilt insbesondere für Klein- und Mittelbetriebe und für alle Branchen mit einem hohen Anteil von Arbeitnehmerinnen. ... Durch die Mutterschaftsfreistellung ist ein Zeitraum bis zu 7½ Monaten zu überbrücken."[91]

Daß der 6-monatige Mutterschaftsurlaub gem. § 8 a Abs. 1 Satz 1 (mit der Pflicht zur Zahlung des Mutterschaftsgeldes nach § 13 Abs. 1 oder § 13 Abs. 3 gem. § 8 a Abs. 1 Satz 2 MuSchG) sowie die Kündigungsverbote der §§ 9 und 9 a MuSchG von großer praktischer Bedeutung sind, erhellt ein Blick auf die von *Helge Pross* 1973 durchgeführte Untersuchung mit 7000 Arbeitnehmerinnen im EWG-Raum.[92] So zeigt ein Vergleich der für die Bundesrepublik erarbeiteten Zahlen mit dem jeweiligen Durchschnittswert der anderen, in die Untersuchung einbezogenen EWG-Länder, daß 44 % bzw. 49 % der befragten Arbeitnehmerinnen[93] Kinder hatten. Zwar läßt sich anhand der vom Bundesarbeitsministerium veröffentlichten Zahlen hinsichtlich der Inanspruchnahme vom Mutterschaftsurlaub in den Jahren 1979 und 1980 eine steigende Tendenz jener Mütter feststellen, die von ihrem Recht auf Mutterschaftsurlaub Gebrauch machten[94]; dennoch

---

[91] In: Der Arbeitgeber 1979, S. 473.

[92] *Pross*, Helge, Gleichberechtigung im Beruf? Eine Untersuchung mit 7000 Arbeitnehmerinnen in der EWG, Frankfurt a. M. 1973.

[93] Vgl. Tabelle A im Anhang.

[94] Im 2. Halbjahr 1979 wurden 36 615 Fälle von Mutterschaftsurlaub von den gesetzlichen Krankenkassen abgerechnet, im 1. Quartal 1980 59 986 Fälle. Vgl. *Kittner*, Arbeits- und Sozialordnung (FN 88), S. 752.
Zu den besoldungsrechtlichen und damit ökonomischen Auswirkungen der Inanspruchnahme der Rechte aus dem MuschG vgl. das Urteil des BVerwG v. 15. 10. 1980 ($\frac{6 \text{ C } 25.78}{\text{II OVG A } 71/73}$), das die Nichtanrechnung der Mutterschutzzeit — hier nach den §§ 1 Abs. 2, 3 Abs. 1 der VO über den Mutterschutz für Beamtinnen v. 19. 7. 1954 (BGBl I, S. 214) — bei der Berechnung des Besoldungsdienstalters nach § 6 Abs. 3 Nr. 1 BBesG für rechtens er-

wirkten sich zweifelsohne insbesondere die Regelungen über Mutterschaftsurlaub und Kündigungsverbot (§§ 8a, 9, 9a MuSchG) bereits bei der Frage der Begründung eines Arbeitsverhältnisses dahingehend aus, daß die Überlegung, nach gemessener Zeit Mutterschaftsurlaub sowie Mutterschaftsgeld gewähren zu müssen und ggf. wegen der in den §§ 3, 4, 6, 8 MuSchG niedergelegten Beschäftigungsverbote die Arbeitnehmerin nicht mehr an ihrem Arbeitsplatz einsetzen zu können, zur Nichtbegründung des Arbeitsverhältnisses führte. Hierfür ist durch die §§ 611a und 611b BGB — zumindest nach dem Gesetz — Remedur geschaffen worden.

Demgegenüber könnte sich der Vorlagebeschluß des 5. Senats des Bundesverwaltungsgerichts vom 2. Juli 1981[95] hinsichtlich der Frage der Verfassungsmäßigkeit des § 9a MuSchG dann negativ auf die Rechtsstellung der ihr Recht auf Mutterschaftsurlaub in Anspruch nehmenden Arbeitnehmerin auswirken, wenn das Bundesverfassungsgericht den Gründen des Vorlagebeschlusses folgte. Freilich liegt in diesem Verfahren nicht so sehr die Anwendung des Art. 3 Abs. 2 GG inmitten, sondern vielmehr Art. 3 Abs. 1 sowie Art. 14 Abs. 1 und Art. 2 Abs. 1 GG, da in der Tat die unterschiedliche Ausgestaltung der Frist für die Zulässigkeit der Kündigung (4 Monate nach der Entbindung, wenn Mutterschaftsurlaub nicht in Anspruch genommen wird gem. § 9 Abs. 1 Satz 1 mit der Befreiungsmöglichkeit nach § 9 Abs. 3 Satz 1; insgesamt 8 Monate nach der Entbindung für den Fall der Inanspruchnahme des Mutterschaftsurlaubs gem. § 9a MuSchG ohne Befreiungsmöglichkeit) sowohl gegen Art. 14 Abs. 1 GG — insbesondere für die vom Bundesverwaltungsgericht zu entscheidende Situation der Betriebsstillegung[96] — als auch gegen Art. 3 Abs. 1

---

kannte. Ein Verstoß gegen Art. 6 Abs. 4 GG liege dann nicht vor, wenn die berufstätige Mutter Nachteile erleide, „die während der Mutterschutzzeit infolge der ungewissen beruflichen Entwicklungsmöglichkeiten der Frau noch gar nicht absehbar waren" (S. 14 d. Urteils). Ein Verstoß gegen Art. 3 Abs. 2 GG scheide „*schon deshalb* aus, weil es sich bei den beamtenrechtlichen Vorschriften nicht um eine auf das Geschlecht abstellende Regelung handelt, die gerade die Beamtin und damit die Frau betrifft" (S. 17 d. Urteils). Dies ist eine Argumentation, die übersieht, daß es auf die Frage zweckgerichteter Intentionalität nicht unbedingt ankommt, wie die in FN 222 zitierten Urteile des EuGH und des BGH zeigen.

[95] AZ. $\dfrac{5\ C\ 87.80}{10\ S\ 194/80}$.

4. Die Anwendung des Art. 3 Abs. 2 GG durch die Rechtsprechung   41

GG verstößt, der hier anwendbar sein muß, weil es sich um Fallgruppen innerhalb des Anwendungsbereiches des Art. 3 Abs. 2 GG handelt.

ee) Die Arbeits- bzw. Arbeitszeitverbote der AZO

Weitaus größere Probleme warf hingegen die — aus der Zeit der faschistischen Diktatur stammende und gem. Art. 125 GG als Bundesrecht weiter geltende — Arbeitszeitordnung vom 30. April 1938 auf.[97] Die AZO — die im wesentlichen die tägliche bzw. wöchentliche bzw. 14tägige Höchstarbeitszeit, die Zahlung des Mehrarbeitszuschlages, Arbeitspausen und Ruhezeiten, die Möglichkeit der Schichtarbeit sowie besondere Schutzvorschriften für Frauen, vor allem das Verbot der Nachtarbeit, regelt — war bisher Gegenstand zweier Entscheidungen des Bundesverfassungsgerichts.[98]

Die besondere Relevanz der Einzelregelungen der AZO ergibt sich aus der Tatsache der kontinuierlichen Zunahme der Mehrarbeitsstunden (von 2,4 pro Woche im Jahre 1957 auf 5,4 im Jahre 1970)[99] sowie aus der Steigerung der Zahl der Nachtarbeiter (von 1965 - 1972 um 613 000 auf insgesamt ca. 3 Mio. Arbeitnehmer, von denen 63,7 % im Schichtbetrieb tätig waren). Insgesamt betrug die Zahl der abhängig Beschäftigten, die Nacht- wie Sonn- und Feiertagsarbeit verrichteten, 1973 ca. 3,8 Mio. (vgl. hierzu 1965: 3,1 Mio.).

Unter den Bedingungen der Beschäftigungskrise seit 1974/75 ist darüber hinaus die Teilzeitarbeit immer mehr in den Vordergrund gerückt. 1978 waren über 2,6 Mio. Arbeitnehmer auf Teilzeitarbeits-

---

[96] Diese ist im Rahmen des § 9 Abs. 3 Satz 1 MuSchG als Ausnahmetatbestand anerkannt, vgl. BVerwGE 54, 276.

[97] RGBl I, S. 447, geänd. d. Gesetz vom 10. 3. 1975 (BGBl I, S. 685); vgl. die hierzu ergangene Ausführungsverordnung zur Arbeitszeitordnung (AV AZO) vom 12. 12. 1938 (RGBl I, S. 1799), geänd. durch Verordnung vom 18. 4. 1975 (BGBl I, S. 967). Die Weitergeltung gem. Art. 125 GG wurde durch BVerfGE 22, 1, 20 f. trotz Hinweises auf die Bedenklichkeit der Ermächtigungsgrundlage (§ 30 Abs. 10 JSchG als Ermächtigungsgrundlage trat erst am 1. 1. 1939 — also nach Verkündung der AZO Mai 1938 im RGBl — in Kraft) bestätigt.

[98] BVerfGE 5, 9; 22, 1. — Vgl. BVerwG, Urt. v. 25. 11. 1981 (NJW 1982, S. 250), das allerdings zur Frage der Vereinbarkeit mit Art. 3 Abs. 2 GG nicht Stellung nimmt.

[99] Vgl. *Kittner*, Arbeits- und Sozialordnung (FN 88), S. 287.

plätzen beschäftigt, darunter ca. 2,4 Mio. Frauen.[100] Der — insbesondere vom DGB — erhobene Ruf nach einer Reform der AZO angesichts moderner Arbeitszeitregelungen wie variabler oder gleitender Arbeitszeit[101] schlug sich in den Überlegungen zur Schaffung eines Arbeitszeitgesetzes während der 8. Legislaturperiode des Deutschen Bundestages nieder, die insbesondere den Vorstellungen des Ministerrats der EG zur Neugestaltung der Arbeitszeit entsprechen sollten.[102]

Besonders problematisch ist der 3. Abschnitt der AZO, der den „erhöhten Schutz für Frauen" betrifft. Während die Regelungen in § 16 Abs. 1 und 16 Abs. 2 AZO im wesentlichen eine Ausnahme von körperlicher Schwerstarbeit darstellen und insoweit medizinisch gerechtfertigt sind[103], kann die in § 16 Abs. 3 AZO normierte Erlaubnis mit Verbotsvorbehalt „für einzelne Arten von Betrieben oder Arbeiten, die mit besonderen Gefahren für Gesundheit und Sittlichkeit verbunden sind", schwerlich mit dem Prinzip der biologischen Verschiedenheit der Geschlechter in Einklang gebracht werden. Insbesondere des Problems der aufgrund § 16 Abs. 3 AZO ergangenen Verordnungen des Reichsarbeitsministers bzw. des Bundesministers für Arbeit und Soziales[104] hat sich der Deutsche Bundestag in der 5. Wahlperiode 1968 angenommen.[105]

---

[100] Vgl. Bundesministerium für Arbeit und Soziales, Teilzeit-Leitfaden für Arbeitnehmer und Arbeitgeber, 1978, passim, sowie *Kittner*, Arbeits- und Sozialordnung (FN 88), S. 289.

[101] Vgl. Antrag Nr. 186 „Arbeitszeitordnung" des 10. Ordentlichen DGB-Bundeskongresses.

[102] Vgl. EG-Bulletin Nr. 10 1970, S. 46 f. sowie die Entschließung zur Stellung der Frau in der Europäischen Gemeinschaft vom 11. 2. 1981 (Amtsblatt der Europäischen Gemeinschaften Nr. C 50, in: Frauen Europas Nr. 19/81, S. 81 ff.), insbes. zur Teilzeitarbeit (Richtlinie Nr. 16).

[103] Vgl. *Hoffmann-Bludau*, Das Gleichberechtigungsgebot (FN 90), S. 25 sowie BayVGH vom 8. 2. 1982, NJW 1982, S. 2570 ff. zu § 16 Abs. 2 AZO i. V. m. Nr. 20 Satz 2, 2. Halbs. AV AZO, der allerdings über eine Differenzierung von „eigentlichen Betriebsarbeiten" (Nr. 20 Satz 2 AV AZO) und „Bauarbeiten im weiteren Sinne" keine Notwendigkeit sieht, „zu den von den Beteiligten in den Mittelpunkt ... gerückten Fragen, ob das Gesetz ... mit Art. 3 und 12 GG vereinbar sind" (NJW 1982, S. 2572) Stellung zu nehmen.

[104] In Ausführung des § 16 Abs. 3 AZO ergingen folgende Verordnungen: Verordnung über räumlich getrennte Beschäftigung von Frauen und Männern bei der Herstellung von Präservativen, Sicherheitspessaren und Suspensorien vom 3. 12. 1954 (BGBl I, S. 366).

4. Die Anwendung des Art. 3 Abs. 2 GG durch die Rechtsprechung

Medizinisch indiziert und daher mit Art. 3 Abs. 2 GG ebenfalls vereinbar dürften die Regelungen der Höchstarbeitszeit sowie der Ruhepausen in § 17 Abs. 1, 17 Abs. 2 Satz 1 sowie § 18 AZO sein.[106] Entgegen dem Urteil des Bundesverfassungsgerichts[107] jedoch bezweckt § 17 Abs. 2 Satz 2 AZO keineswegs den Schutz der Frau im Rahmen ihres Arbeitsverhältnisses aufgrund deren biologischer Besonderheit. Dies ergibt sich insbesondere daraus, daß bereits nach § 17 Abs. 3 AZO die Vorschrift des § 17 Abs. 2 Satz 2 AZO für bestimmte Betriebe nicht gilt. Daraus erhellt, daß die Regelung des § 17 Abs. 2 Satz 2 AZO nicht primär den Schutz der Frau im Arbeitsleben bezweckt, sondern im wesentlichen ordnungspolitische Grundsätze verwirklicht. Wenngleich das Bundesverfassungsgericht bisher noch keine Möglichkeit hatte, sich zur Verfassungsmäßigkeit von § 17 Abs. 1 und 17 Abs. 2 Satz 1 AZO zu äußern, so dürfte sich doch insbesondere aus § 20 Abs. 1, 1. Alt. AZO ergeben, daß die Bedenken, die gegen die Zulässigkeit des § 17 Abs. 2 Satz 2 AZO vorgebracht wurden, auf die Gesamtregelung des § 17 AZO übertragen werden können.

Gem. § 20 AZO in Verbindung mit Nr. 23 der AV AZO kann der Bundesminister für Arbeit und Soziales aus betriebstechnischen oder allgemein wirtschaftlichen Gründen Ausnahmen von den Vorschriften des § 17 AZO — lediglich für bestimmte „Gefolgschaftsgruppen", für eine Betriebsabteilung oder für den ganzen Betrieb nur für die Dauer von 2 Wochen und für nicht mehr als 40 Tage innerhalb eines Kalenderjahres gem. Nr. 23 Satz 1 AV AZO — zulassen. Daraus ergibt sich, daß auch hier — wie bei § 17 Abs. 3 AZO — nicht der Schutz der Frau aufgrund ihrer biologischen Besonderheit, sondern ordnungspolitische Vorstellungen ausschlaggebend für die Regelung gewesen sind. § 17 AZO ist daher — entgegen *Säcker* und dem Bundes-

---

Verordnung über die Beschäftigung von Frauen auf Fahrzeugen vom 30. 11. 1940 (RAnz. 1940, Nr. 259), abgelöst durch die Verordnung über die Beschäftigung von Frauen auf Fahrzeugen vom 2. 12. 1971 (BGBl I, S. 1957).
Verordnung zum Schutz gegen Staublungenerkrankungen in der keramischen Industrie vom 1. 9. 1951 (BGBl I, S. 787).
Verordnung über die Ausführung von Anstricharbeiten in Wasserfahrzeugen und schwimmfähigen Hohlkörpern vom 7. 9. 1961 (BGBl I, S. 1713).
[105] Deutscher Bundestag, 5. Wahlperiode 1968, BTDrs. Nr. 8983.
[106] Vgl. *Säcker*, 50. DJT, L 29; für § 17 Abs. 2 AZO vgl. BVerfGE 5, 9, 12.
[107] BVerfGE 5, 9, 12.

verfassungsgericht[108] — insbesondere unter dem Aspekt insgesamt verfassungswidrig, als er Männer benachteiligt, die gem. §§ 4 Abs. 3 Satz 2, 5 Abs. 3, 7 Abs. 2, 8 Abs. 2, 10 und 14 AZO länger als 10 Stunden täglich beschäftigt werden können. Ähnliches gilt für § 19 AZO, der — von der Systematik ähnlich wie § 17 AZO — in § 19 Abs. 3 eine Ausnahmeregelung von den Vorschriften in Abs. 1 und 2 für die in § 17 Abs. 3 genannten Betriebe vorsieht.[109]

Es wäre von daher wünschenswert, wenn das Bundesverfassungsgericht erneut die Möglichkeit erhalten würde, zur Verfassungsmäßigkeit der §§ 17 und 19 AZO Stellung zu nehmen, wenngleich nicht verkannt werden darf, daß Höchstarbeitszeit und Nachtarbeit in der Praxis keine gravierende Rolle spielen. So arbeiten zufolge der bereits erwähnten Untersuchung von *Pross*[110] in der Bundesrepublik 15 % der weiblichen Arbeitnehmerinnen täglich 8 - 9 Stunden, 5 % 9 Stunden, 2 % 9 - 10 Stunden und nur insgesamt 2 % über 11 Stunden.[111]

b) Funktional-arbeitsteilige Unterschiede als Differentiationskriterium

Während die Zulässigkeit der Differenzierung kraft biologischer Verschiedenheiten der Geschlechter etwa bei den gesetzlichen Regelungen zum Schutze von Mutter und Kind unmittelbar einsichtig sind, begegnet die nach herrschender Meinung zulässige Differenzierung nach funktional-arbeitsteiligen Unterschieden zwischen den Geschlechtern bei entscheidender Prägung des Lebenssachverhalts grundsätzlichen Bedenken. Noch immer ist die von *Baur* in seiner An-

---

[108] AV AZO vom 12.12.1938 i. d. F. d. Gesetzes vom 18.4.1975 (BGBl I, S. 967).

[109] So aber BVerfGE 5, 9, 12; vgl. *Hoffmann-Bludau*, Das Gleichberechtigungsgebot (FN 90), S. 46. *Säcker* (50. DJT, L 28) hält demgegenüber lediglich § 19 Abs. 1, 2. Alt. AZO für verfassungswidrig, der die Beschäftigung von Arbeiterinnen an Tagen vor Sonn- und Feiertagen nach 17.00 Uhr verbietet, weil er ausweislich der Motive den alleinigen Zweck verfolgt, die Arbeitnehmerin durch Zwang anzuhalten, sich rechtzeitig der Vorbereitung auf den Sonntag, sprich dem Einkauf für die Familie und dem Haushalt, zu widmen.

[110] Vgl. FN 92.

[111] Für die Vergleichszahlen bzgl. der übrigen EG-Mitgliedsländer vgl. Tabelle B im Anhang; zur Nachtarbeit vgl. Tabelle C im Anhang.

4. Die Anwendung des Art. 3 Abs. 2 GG durch die Rechtsprechung 45

merkung zur Höfeordnung-Entscheidung des BGH[112] geprägte Feststellung zutreffend, die rechtliche Erheblichkeit funktionaler Unterschiede zwischen den Geschlechtern sei die „pseudo-verfassungsrechtliche Einbruchstelle für eine ungerechtfertigte Benachteiligung der Frau". Die Überprüfung der von der höchstrichterlichen Rechtsprechung anerkannten Tatbestände funktionaler Differenz zwischen den Geschlechtern ergibt daher, daß sich die sog. funktional-arbeitsteiligen Unterschiede immer auf die verschiedene biologische Differenzierung der Geschlechter zurückführen lassen müssen. Funktionale Unterschiede können einen Lebenssachverhalt nämlich nur dann so entscheidend prägen, daß vergleichbare Elemente vollkommen zurücktreten oder gänzlich fehlen, wo diese Unterschiede unmittelbar oder mittelbar geschlechtsbezogen sind. Das Begriffspaar „biologische und/oder funktional-arbeitsteilige Unterschiede" ist daher in Wirklichkeit keines, da sich die funktional-arbeitsteiligen Unterschiede bei besonderer Relevanz der biologisch-geschlechtlichen aus diesen ableiten lassen (müssen). Wird der Lebenssachverhalt also durch die biologisch-geschlechtliche Unterschiedlichkeit der Geschlechter in einem Maße geprägt, daß andere Kriterien als nicht vergleichbar herangezogen werden können, dann ist es zulässig, funktionale Unterschiede rechtlich zu normieren.[113] Zu Recht weist *Dürig* darauf hin, daß „die meisten Befürworter jener Differenzierung nach funktionalen Unterschieden ... im Grunde genommen meist nichts anderes im Sinn (haben), als den Männern teuere Tradition entgegen allen weiblichen Forderungen nach Gleichberechtigung zu erhalten".

aa) Die HöfeO-Entscheidungen von BGH und BVerfG

Wie sehr die höchstrichterliche Rechtsprechung durch das Argument einer „Entwicklung seit Jahrhunderten" geprägt war, zeigt etwa die Entscheidung des BGH vom 5. 5. 1959[114] zur Vereinbarkeit des § 6 Abs. 1 Satz 3 Höfeordnung für die Britische Zone mit Art. 3 Abs. 2 GG, der — in Übereinstimmung mit § 20 Nr. 6 des Reichserbhof-

---

[112] BGHZE 30, 50.
[113] *Baur*, Fritz, JZ 1959, S. 443; vgl. *Gernhuber*, Joachim, Lehrbuch des Familienrechts, § 6 II, S. 47 ff.; *Maunz / Dürig / Herzog / Scholz*, Anm. 18 zu Art. 3 Abs. 2 GG.
[114] *Maunz / Dürig / Herzog / Scholz*, Anm. 18 zu Art. 3 Abs. 2 GG.

gesetzes vom 29. 9. 1933[115] — den „Vorzug des männlichen Geschlechts" hinsichtlich der Nachfolge als Hoferbe normierte. In seiner Entscheidung vom 20. 3. 1963 hat das Bundesverfassungsgericht[116] das Urteil des BGH mit der Begründung aufgehoben, § 6 Abs. 1 Satz 3 HöfeO könne nur dann vor Art. 3 Abs. 2 GG bestehen, „wenn sich erweisen sollte, daß der Mannesvorzug eine unabweisliche Voraussetzung dafür ist, den Hof als leistungsfähige Wirtschaftseinheit zu erhalten, ...".[117] Zu Recht hat das Bundesverfassungsgericht in dieser Entscheidung weder die „jahrhundertealte Überlieferung" noch die herausgebildete Arbeitsteilung gelten lassen, nach der „auf einem Bauernhof im allgemeinen dem Manne die Außenwirtschaft und auch regelmäßig die Planung und Leitung des Betriebes obliegt, während die Frau die Innenwirtschaft mit den Arbeiten in Haushalt, Stall und Garten besorgt." Diese in der sozialen Realität beobachtbare und in weiten Kreisen der bäuerlichen Bevölkerung übliche Arbeitsteilung kann jedoch nach dieser Entscheidung des Bundesverfassungsgerichts keine Rechtfertigung dafür bieten, bei der gesetzlichen Erbfolge nach dem Geschlecht des Hoferben zu differenzieren.[118]

Damit war gleichzeitig der Weg für die — dogmatisch von Art. 3 Abs. 2 GG geforderte — Gleichwertigkeit des Arbeitsbeitrages von Mann und Frau eröffnet, den das Bundesverfassungsgericht in dieser Entscheidung nur marginal in einem Obiter dictum anklingen ließ, der jedoch für die weiteren Entscheidungen von grundlegender Bedeutung sein sollte. Das Bundesverfassungsgericht ging davon aus, daß sich der Wirtschaftsorganismus eines Hofes „in steigendem Maße als eine Familienwirtschaft darstelle", „die das Ineinandergreifen der Tätigkeiten aller Mitglieder der Hofgemeinschaft, insbesondere der beiden Ehegatten, erfordert. ... (so daß) die Aufgabenbereiche von Mann und Frau für den Hof von annähernd gleicher Bedeutung (sind) und ... erst aus ihrem Zusammenwirken die Produktionsleistung des Hofes (erwächst) ...".[119]

---

[115] BGHZE 30, 50, 56.
[116] RGBl 1933 I, S. 685, 687.
[117] BVerfGE 15, 337.
[118] BVerfGE 15, 337, 342.
[119] BVerfGE 15, 337, 344; vgl. hierzu *Reich-Hilweg*, Ines, Männer und Frauen sind gleichberechtigt. Art. 3 Abs. 2 GG in der parlamentarischen

bb) Die Methode der „Typisierung" nach drei Ehetypen in der Rechtsprechung des BVerfG

Indessen wird zu zeigen sein, daß die Anerkennung des Art. 3 Abs. 2 GG als Rechtsprinzip in Familien-, Sozialversicherungs- und Rentenversicherungsrecht — ausgehend von dem zunächst für die Mithilfe in der Landwirtschaft entwickelten Gedanken der „Ehe als Arbeitsgemeinschaft"[120] — mit der Folge der Gleichwertigkeit der Arbeitsleistung von Mann und Frau nur dort gelang, wo es um die im wesentlichen „interne"[121] Mitarbeit der Frau ging, nicht aber dort, wo angesichts der Dualität von „externer"[122] Arbeitsleistung und Haushaltsführung die renten- und sozialversicherungsrechtliche Bewertung der „externen" Arbeit der Frau inmitten lag. Im Wechsel der Argumentationsebenen — von Art. 3 Abs. 2 und Abs. 3 GG bei den sog. „Rentnerinnen-Entscheidungen" des Bundesverfassungsgerichts[123] zu den Art. 3 Abs. 1 und 6 Abs. 1 bei den sog. „Mitarbeiterinnen-Entscheidungen"[124] — erweist sich gleichzeitig, daß das vom Bundesverfassungsgericht aufgestellte Gebot dogmatischer Konkordanz von Art. 6 Abs. 1 GG und Art. 3 Abs. 2 GG zur teleologischen Reduktion des Sinngehalts von Art. 3 Abs. 2 GG, mithin zu einer effektiven Schlechterstellung der Frau führt.

Die Entscheidungen des Bundesverfassungsgerichts im 17. Bande gehen übereinstimmend von dem Grundsatz aus, die Arbeit der Frau als Mutter, Hausfrau und Mithelfende sei mit ihrem tatsächlichen Wert als Unterhaltsleistung zu berücksichtigen.[125] Der verfassungs-

---
Auseinandersetzung 1948 - 1957 und in der Rechtsprechung des Bundesverfassungsgerichts 1953 - 1975, Frankfurt/Main 1979, S. 102 ff.
[120] BGH, NJW 1957, S. 518; vgl. *Krüger / Breetzke / Nowack*, Gleichberechtigungsgesetz (FN 26), Anm. 21 zu § 1356, S. 257.
[121] Der Begriff „intern" soll die Mithilfe der Ehefrau im „Eigenbetrieb" des Ehemannes kennzeichnen (im wesentlichen Landwirtschaft, Gewerbebetrieb, freie Berufstätigkeit wie Rechtsanwalt, Arzt, Architekt).
[122] Der Begriff „extern" kennzeichnet die — nicht im Geschäftsbetrieb des Ehemannes — erfolgende (selbständige) Teilerwerbs- oder Erwerbstätigkeit der Ehefrau.
[123] BVerfGE 17, 1; 17, 38; 17, 86. Die „Beamtinnen"-Entscheidung (BVerfGE 21, 329) nimmt insoweit eine Sonderstellung ein (vgl. insoweit *Reich-Hilweg*, Männer und Frauen sind gleichberechtigt [FN 119], S. 99 ff.).
[124] BVerfGE 13, 290; 13, 318; 18, 257; 36, 120; vgl. im übrigen *Reich-Hilweg*, Männer und Frauen sind gleichberechtigt (FN 119), S. 104 ff.

gerichtlichen Prüfung unterlagen in allen drei Fällen Entscheidungen über die Gewährung von Witwer- bzw. Witwenrente bezogen. Nr. 1 der Vorinstanzen, die sich auf Bestimmungen des AVG oder BVersG und Nr. 2 hatten darüber hinaus die durch § 44 Abs. 2 AVG und § 1262 Abs. 5 RVO bzw. § 45 Abs. 5 Satz 1 BVersG normierten erschwerenden Voraussetzungen der Waisenrente bzw. des Kinderzuschusses zum Gegenstand. Während die erschwerenden Voraussetzungen der Witwerrente gegenüber der Witwenrente in § 43 AVG[126] bzw. in § 43 BVersG[127], welche die überwiegende Unterhaltsleistung der verstorbenen Ehefrau als Voraussetzungen für den Bezug von Witwerrente normieren, mit Art. 3 Abs. 2 und 3 GG für vereinbar erklärt wurden, erkannte das Bundesverfassungsgericht in den Normierungen über die erschwerende Voraussetzung der Waisenrente und des Kinderzuschusses in den §§ 44 Abs. 2 AVG und 1262 Abs. 5 RVO bzw. § 45 Abs. 5 Satz 1 BVersG einen Gesetzesverstoß gegen Art. 3 Abs. 2, Abs. 3 und Art. 6 Abs. 1 GG.

Die von den Normen des AVG bzw. BVersG aufgestellten Tatbestandsvoraussetzungen für den Bezug von Witwerrente — überwiegendes Bestreiten des Unterhalts der Familie durch die verstorbene Ehefrau — wurden vom Bundesverfassungsgericht mit den „Unterschieden in der erwerbswirtschaftlichen Situation von Witwe und Witwer"[128] begründet, die „zum größten Teil ihre Wurzel in der funktionalen Verschiedenheit ihrer Leistungen für die durch den Tod zerstörte eheliche Gemeinschaft" haben. Diese funktionale Verschiedenheit präge den Lebenssachverhalt so entscheidend, daß eine unterschiedliche Behandlung gerechtfertigt sei. Daraus ergibt sich zum einen, daß das Bundesverfassungsgericht im Grunde der von *Dürig* verfochtenen Konzeption folgte, nach der die funktionalen Verschiedenheiten im Grunde auf den biologischen Verschiedenheiten beruhten, ohne diese Konzeption jedoch explicite anzusprechen. *Reich-Hilweg*[129] hat bereits herausgearbeitet, daß das Raster, auf dem die Ent-

---

[125] BVerfGE 17, 1, LS 1; 17, 38, LS 1; 17, 86, LS 1.
[126] I. d. F. AVG-NG vom 23. 2. 1957 (BGBl I, S. 88).
[127] I. d. F. d. G. vom 20. 12. 1950 (BGBl I, S. 791).
[128] BVerfGE 17, 1, 22.
[129] *Reich-Hilweg*, Männer und Frauen sind gleichberechtigt (FN 119), S. 88 ff.

4. Die Anwendung des Art. 3 Abs. 2 GG durch die Rechtsprechung 49

scheidungen des Bundesverfassungsgerichts zur Witwerrente beruhen, das der Typisierung ist. Diese Typisierung ist nach Auffassung des Bundesverfassungsgerichts „bei der Ordnung von Massenerscheinungen, wie sie die Sozialrentenversicherung enthält, ... allgemein als notwendig"[130] anzuerkennen.

Es wird im folgenden zu prüfen sein, ob — wie von *Reich-Hilweg* vorgetragen — das Bundesverfassungsgericht „mit der Methode der Typisierung ... vom zu subsumierenden Fall ab(gleitet)" und somit „das Ergebnis ... für die erwerbstätige Frau mit Rentenanspruch diskriminierend"[131] ist.

Mit *Reich-Hilweg* ist davon auszugehen, daß das Verfassungsgericht im wesentlichen drei „Ehetypen" unterscheidet: Typ 1, in dem Ehefrau und Ehemann erwerbstätig und versichert sind, also die sog. Doppelverdienerehe vorliegt; Typ 2 zeichnet sich dadurch aus, daß die Ehefrau nicht erwerbstätig und versichert ist, während dies für den Ehemann zutrifft; Typ 3 schließlich ist dadurch charakterisiert, daß die Ehefrau im Gegensatz zum Ehemann erwerbstätig und versichert ist.

Typ 3 bereitet insoweit keine verfassungsrechtlichen Bedenken. Hier sind die von § 43 AVG bzw. § 43 BVersG genannten erschwerenden Voraussetzungen des überwiegenden Unterhalts des Ehemannes durch die Ehefrau gegeben. Von den verbleibenden Ehetypen 1 und 2 wählte das Bundesverfassungsgericht den Typ 2 als „Normalfall". Anknüpfend an den sozialversicherungsrechtlichen Normen zugrundeliegenden Gesichtspunkt der Bedarfsdeckung kam das Bundesverfassungsgericht zu dem Ergebnis, daß der Bedarf „nach Ersatz der Unterhaltsleistungen des verstorbenen Versicherten bei Witwe und Witwer wesentlich verschieden ist", so daß eine Überschreitung der Grenzen zulässiger Typisierung nicht vorliegt.[132] Die — gegebenenfalls gegen Art. 3 Abs. 2 GG verstoßende — wirtschaftliche Beeinträchtigung würde dann vorliegen, wenn die Unterhaltsleistungen

---

[130] BVerfGE 17, 1, 23; vgl. auch: BVerfGE 9, 20, 32; 11, 50, 60; 11, 245, 253.

[131] *Reich-Hilweg*, Männer und Frauen sind gleichberechtigt (FN 119), S. 97, 100.

[132] BVerfGE 17, 1, 18.

des Verstorbenen die des Hinterbliebenen überstiegen haben. Die Verschlechterung könne aber auch darauf beruhen, daß der Hinterbliebene seine eigenen, infolge des Todes überflüssig gewordenen Unterhaltsleistungen anderweit nicht verwenden kann, so daß dem Verlust der Unterhaltsleistung des Verstorbenen kein wirtschaftlicher Ausgleich gegenüberstünde. Das Bundesverfassungsgericht hielt zwar die Begründung des Regierungsentwurfs zum Neuregelungsgesetz für „nicht unbedenklich", die davon ausging, es könne „nach den soziologischen Verhältnissen auch heute noch unterstellt werden..., daß der Ehemann den Unterhalt der Familie überwiegend bestreitet und deshalb dieser Nachweis bei der Gewährung einer Witwenrente nicht gefordert zu werden braucht."[133] Da jedoch für die verwitwete Frau anders als für den verwitweten Mann mit dem Verlust an Unterhaltsleistungen des Verstorbenen ein Ausgleich nicht einhergehe, könne dahingestellt bleiben, ob die in der Begründung des Regierungsentwurfs vorgetragene Erwägung zutreffend sei oder nicht. Die verwitwete Frau des Ehetyps 2 könne nämlich ihre „überflüssig gewordenen Unterhaltsleistungen anderweitig nicht verwenden."[134]

Paradigma der Rentenentscheidungen des Bundesverfassungsgerichts ist jedoch, daß die Frau ihren wesentlichen Unterhaltsbeitrag durch die Haushaltsführung leiste[135], diese folglich zur Erbringung ihres Unterhaltsbeitrags von der Geldleistung des Mannes abhängig sei, die ihr „die Entfaltung des Berufs als Hausfrau" ermögliche. „Stirbt der Mann, so verändert sich diese ihre (der Frau) berufliche Stellung erheblich; das, was sie an hausfraulichen Leistungen bisher für den Ehemann erbracht hat, ist gegenstandslos geworden und anderweit unverwertbar,..." Zwar ist der Ansatzpunkt des Bundesverfassungsgerichts insoweit richtig, als auch zu berücksichtigen ist, in welchem Umfange die Ehefrau neben ihrer Erwerbsarbeit den Haushalt versorgt, so daß der Ehemann einen dem Wert ihrer Hausarbeit entsprechend höheren Geldbetrag zum Unterhalt zu leisten hat.[136] Die in dieser Aussage enthaltene Prämisse, auch die erwerbs-

---

[133] BTDrs 1953 Nr. 2437, S. 76 zu § 1270 RVO.
[134] BVerfGE 17, 1, 18.
[135] BVerfGE 17, 1, 20.
[136] So bereits BVerfG, NJW 1957, S. 537; NJW 1959, S. 987.

tätige Ehefrau sei derjenige Ehegatte, der neben seiner Erwerbs- oder Teilerwerbstätigkeit auch noch die Führung des Haushalts besorge, wird zwar durch die soziologischen Befunde gedeckt. So ergibt sich etwa aus den von *Pross* angestellten Erhebungen[137], daß 55 % der erwerbstätigen Frauen in der Bundesrepublik den Haushalt besorgen; 2 % führen den Haushalt zusammen mit einer Hilfsperson, 10 % zusammen mit einem Familienmitglied, während eine gemeinschaftliche Haushaltsbesorgung durch erwerbstätigen Mann und erwerbstätige Frau nur in 14 % aller Fälle vorliegt.

Daraus ergibt sich, daß der wesentliche Gedanke der Rentnerinnenentscheidungen des Bundesverfassungsgerichts nur dann zum Tragen kommt, wenn es sich um den Ehetyp 2 handelt. Die Anwendung dieser Grundsätze auf den Ehetyp 1 führt jedoch dazu, daß hier der Grundsatz der Gleichwertigkeit der von der Ehefrau geleisteten Arbeiten in Haushalt und Kindeserziehung mit der Unterhaltsleistung des Mannes dadurch verletzt wird, daß die Erwerbs- oder Teilerwerbstätigkeit der ihrer Unterhaltsleistung nach § 1360 Satz 2 BGB bereits durch die Führung des Haushalts nachkommenden Ehefrau nicht zu Buche schlägt. Beim Ehetyp 1 stehen sich nämlich Erwerbs- oder Teilerwerbstätigkeit der Frau, Führung des Haushalts (mit der Folge des § 1360 Satz 2 BGB) einerseits, Erwerbstätigkeit des Ehemannes andererseits gegenüber. Da die Ehefrau jedoch bereits durch die Führung des Haushalts gem. § 1360 Satz 2 ihren Beitrag zum Unterhalt der Familie leistet, bedeutete die Teilerwerbs- oder Erwerbstätigkeit der Ehefrau eine überwiegende Unterhaltsleistung durch sie.

Die Richtigkeit der vom Bundesverfassungsgericht getroffenen Entscheidung hängt also davon ab, ob Ehetyp 2 tatsächlich dem „Normalfall" entspricht. Das Bundesverfassungsgericht hat in seiner Entscheidung vom 24. 7. 1963[138] den Bericht des Statistischen Bundesamtes über die Frau im wirtschaftlichen und sozialen Leben der Bundesrepublik von 1956 zugrunde gelegt, der den Stand der Volks- und Berufszählung vom September 1950 widerspiegelte. Daraus ergab sich, daß rd. 77,5 % der rd. 10 Mio. Ehefrauen ihren Unterhalts-

---

[137] Vgl. Tabelle D im Anhang.
[138] BVerfGE 17, 1.

beitrag allein durch Führung des Haushalts leisteten, während 15 %
im Geschäft oder der Landwirtschaft des Mannes mitarbeiteten und
nur 7,5 % einer selbständigen wirtschaftlichen Tätigkeit nachgingen.

Diese 7,5 % erwerbstätiger Frauen seien es also allenfalls, die infolge der Typisierung bevorzugt seien, da ihnen die Witwenrente ohne Rücksicht darauf zusteht, ob sie der Ehemann durch seine Arbeitstätigkeit ganz oder auch nur überwiegend unterhalten hat. Das Bundesverfassungsgericht kommt daher zu dem Schluß, daß „trotz der gewandelten sozialen Verhältnisse ... die Zahl der infolge der Typisierung bevorzugten Frauen zwar möglicherweise nicht ganz unbeträchtlich sein (wird), sich aber doch in solchen Grenzen ... (hält), daß sie angesichts der bei Bevorzugungen weit gespannten Gestaltungsfreiheit des Gesetzgebers hingenommen werden kann".[139] Das Bundesverfassungsgericht verkennt jedoch, daß es hierbei nicht nur auf die Frage ankommen kann, ob eine evtl. Bevorzugung jener 7,5 % selbständiger erwerbstätigen Hausfrauen darüber stattfindet, daß jene ohne die erschwerenden Voraussetzungen der §§ 43 AVG bzw. 43 BVersG im Falle des Todes des Ehemannes eine Witwenrente erhalten, sondern darauf, ob jene rechtlich in der Lage sind, qua Erwerbstätigkeit zur Rentensicherung ihrer Ehemänner beizutragen. Dies wird den erwerbstätigen oder teilerwerbstätigen Frauen durch die Rentnerinnen-Entscheidungen des Bundesverfassungsgerichts verwehrt, so daß hier nicht die Frage zu entscheiden war, ob die durch die Typisierung eingetretene Bevorzugung einer bestimmten Anzahl von Frauen mit der Gestaltungsfreiheit des Gesetzgebers vereinbar war, sondern ob diese Vereinbarkeit hinsichtlich der eben geschilderten negativen Folgen der Typisierung gegeben ist. Hierzu hat das Bundesverfassungsgericht selbst ausgeführt, daß „es bei einer an der Gerechtigkeit im allgemeinen und an den Wertentscheidungen des Grundgesetzes im besonderen orientierten Betrachtung leichter erträglich (ist), wenn gelegentlich einer Typisierung auch Personen in den Genuß von Vorteilen kommen, die ihnen nach dem strengen Zweck des Gesetzes nicht gebührten, als wenn Personen davon ausgeschlossen werden, denen die Vorteile nach dem Zweck des Gesetzes zukämen. Benachteiligung wird auch bei Typisierung nur in Einzel-

---

[139] BVerfGE 17, 1, 25.

4. Die Anwendung des Art. 3 Abs. 2 GG durch die Rechtsprechung 53

fällen hinzunehmen sein; ...".[140] Die Anwendung der vom Bundesverfassungsgericht selbst formulierten Grundsätze auf die Entscheidung vom 24. 7. 1963 hätte die verfassungsrechtliche Notwendigkeit ergeben, auch die erschwerenden Voraussetzungen der Witwerrente gegenüber der Witwenrente in den §§ 43 AVG und 43 BVersG für unvereinbar mit Art. 3 Abs. 2, Abs. 3 GG zu erklären.

Neben diesen dogmatischen Bedenken sind jedoch auch Zweifel an der vom Bundesverfassungsgericht herangezogenen statistischen Basis angebracht. Das Bundesverfassungsgericht legte für die Entscheidung im Jahre 1963 die Zahlen aus der Volks- und Berufszählung 1950, für die Entscheidung im Jahre 1975[141] Statistiken aus dem Jahre 1973 zugrunde. Trotz der vom Bundesverfassungsgericht konstatierten Steigerung der Zahl der selbständigen, erwerbstätigen, verheirateten Frauen von 7,5 % im Entscheidungszeitpunkt 1963 auf 30 % im Entscheidungszeitpunkt 1975 kam das Bundesverfassungsgericht zu dem Ergebnis, „eine Entscheidung, daß die erschwerende Voraussetzung der Witwerrente gegenüber der Witwenrente in der Sozialversicherung ... mit dem Grundgesetz unvereinbar sei", könne gegenwärtig nicht getroffen werden.[142] Dies verwundert um so mehr, als „Fälle dieser Ungleichbehandlung von Mann und Frau in ... früheren Entscheidungen hingenommen (worden seien), weil bereits der Anteil der selbst erwerbstätigen unter den verheirateten Frauen mit 7,5 % zu gering war, daß er im Rahmen einer die Frau bevorzugenden, typisierenden Betrachtungsweise keine Berücksichtigung verlangte, gleiches (sich jedoch) ... bei dem heute erheblich höheren Prozentsatz nicht mehr sagen" lasse.[143] Der mangelnde logische Begründungszusammenhang wird schließlich deutlich, wenn einerseits davon gesprochen wird, die durch die typisierende Betrachtungsweise sich ergebende, statistisch marginale Bevorzugung der Frau könne noch nicht zu einem Verstoß gegen das Gleichbehandlungsgebot führen, andererseits aber (zutreffenderweise) gesagt wird, angesichts des „bestimmten Trends der Entwicklung"[144] liege eine Benachteiligung

---

[140] BVerfGE 17, 1, 24.
[141] BVerfGE 39, 169.
[142] BVerfGE 39, 169, LS 2.
[143] BVerfGE 39, 169, 189.
[144] BVerfGE 39, 169, 191.

der Frau in dem Sinn vor, „daß sie durch ihre Beiträge zur Sozialversicherung nicht eine ebensolche Versorgung ihres Mannes für den Fall ihres Todes erreicht wie der Mann, der mit seinen Beiträgen für die Zeit nach seinem Tode immer auch seine Frau sichert".

Ohne auf die Problematik statistischer Interpretation und Extrapolation im allgemeinen sowie der Verwendung überholten statistischen Materials im besonderen[145] einzugehen, zeigt insbesondere der

---

[145] Im Jahre 1963 — dem Zeitpunkt der Entscheidungen BVerfGE 17, 1, 38, 86 — lagen bereits die Untersuchungen von *Kapitain* (Die Frauenbeschäftigung in Deutschland nach dem 2. Weltkrieg, Diss. rer. oec., Frankfurt a. M. 1950), *Redlich* (Die arbeitende Frau in der Sicht der Statistik, Nürnberg 1956), *Immler* (Die Frau im Betrieb, Stuttgart 1958), *Zimmermann* (Die Frau und die weibliche Erwerbstätigkeit in der industriellen Gesellschaft, Diss. rer. oec., Mannheim 1958) und *Tritz* (Die Frauenerwerbsarbeit in der Bundesrepublik Deutschland = Sozialpolitik in Deutschland, Nr. 5, Stuttgart 1961) vor, aus denen sich unschwer ergab, daß die vom Bundesverfassungsgericht angeführten Zahlen des Standes 1950 überholt waren.

So ergab sich aus der bei *Zimmermann* angeführten, auf *Redlich* zurückgehenden (Tabellen 8, 8 a) Tabelle 1 (S. 12) eine stetige Zunahme der Zahl der weiblichen Erwerbstätigen:

1950: 31,4 % 1953: 33,6 %
1951: 32,4 % 1954: 34,7 %
1952: 33,0 % 1955: 35,7 %

(Für die Jahre 1960 — 33,4 % —, 1965 — 31,9 % —, 1970 — 30,2 % —, 1971 — 30,2 % —, 1972 — 30,8 % —, 1973 — 31,2 % —, 1974 — 31,1 % —, vgl.: Frauen und Arbeitsmarkt. Ausgewählte Aspekte der Frauenerwerbstätigkeit = Quintessenzen aus der Arbeitsmarkt- und Berufsforschung, Heft 4, Nürnberg 1976, S. 8).

1963 (BVerfGE 17, 1; 38; 86) und 1975 (BVerfGE 39, 169) gestattete also das zur Verfügung stehende Zahlenmaterial eine eindeutige Prognose für die stetige Zunahme der allgemeinen Frauenerwerbstätigkeit sowie über die Veränderungen in den einzelnen Wirtschaftsabteilungen, den Bundesländern und den Landesarbeitsamts-Bezirken (für die Entwicklung in den Bundesländern vgl. *Zimmermann*, a.a.O., Tabelle 3, S. 13 [1953] und Frauen und Arbeitsmarkt, a.a.O., S. 12; für die Entwicklung in den Wirtschaftsabteilungen für 1955 siehe *Zimmermann*, a.a.O., Tabelle 5, S. 16 f., für 1950/ 56/60 vgl. *Tritz*, a.a.O., S. 6). Für die Stichdaten 1961, 1970, 1976 sowie für die Veränderungen im Zeitraum 1950 - 1976 vgl.: *Langkau, Jochem / Langkau-Herrmann, Monika*, Federal Republic of Germany, in: Alice M. Yohalem (Hrsg.), Women Returning to Work. Policies and Progress in five Countries (= Conservation of Human Resources Series, vol. 12), Mont Clair / New Jersey 1980, Tab. 2.2., S. 24.

Die in BVerfGE 17, 1 besonders relevante Zahl der Frauen, die neben ihrer selbständigen — externen (vgl. FN 122) — Erwerbstätigkeit auch noch

Vergleich der Entscheidungen von 1963 und 1975, daß der vom Bundesverfassungsgericht gewählte Anknüpfungspunkt einer — statistisch marginalen — Bevorzugung erwerbstätiger Frauen durch die typisierende Betrachtungsweise dogmatisch nicht haltbar ist, da es nicht um die Bevorzugung, sondern um die Benachteiligung im Sinne einer Sicherung der Versorgung des Ehemannes durch die Erwerbstätigkeit der Frau geht.

cc) Die „Beamtinnen-Entscheidungen" des BVerfG als Beispiel erfolgreicher Anwendung des Art. 3 Abs. 2 GG kraft dogmatischer Konkordanz von Art. 3 Abs. 2 und Art. 6 Abs. 1 GG

Demgegenüber verwundert die Entscheidung des Bundesverfassungsgerichts im 21. Bande[146], nach der es Art. 3 Abs. 2 und Abs. 3 GG gebieten, daß die Beamtin auch hinsichtlich der Versorgung ihrer nächsten Familienangehörigen den Beamten gleichzustellen ist mit der Folge, daß die Verknüpfung der „amtsgemäßen Versorgung der Hinterbliebenen eines Beamten mit ihren bürgerlich-rechtlichen Unterhaltsansprüchen gegen den Beamten mit einem hergebrachten und zu beachtenden Grundsatz des Berufsbeamtentums ebensowenig vereinbar ist, wie die Bemessung der Besoldung und des Ruhegehalts des Beamten nach den konkreten Bedürfnissen und Vermögensverhältnissen seiner Familie".[147] Gegenstand des Verfahrens vor dem Bundesverfassungsgericht waren § 132 BBG sowie § 134 HmbBG;

---

die Haushaltsführung besorgten, ergab sich bei *Zimmermann*, a.a.O., aus Tabelle 7 (S. 19): 7,9 % (= 1 559 400) führten 1950 einen eigenen Mehrpersonenhaushalt mit Kindern unter 15 Jahren, 7,3 % (= 1 443 300) führten einen eigenen Mehrpersonenhaushalt ohne Kinder unter 15 Jahren, so daß sich die beiden Positionen bereits zu insgesamt 15,2 % bzw. 37,7 % der Erwerbstätigen insgesamt summierten — eine kaum vernachlässigbare Größe; zum Anteil der Frauen an den Erwerbstätigen in der DDR vgl. *Meyer*, Gerd, Frauen in den Machthierarchien der DDR oder: Der lange Weg zur Parität. Empirische Befunde 1971 - 1985, in: Deutschlandarchiv 19 (1985), S. 249 ff., insbes. Tab. 1, S. 305.

[146] Vgl. *Reich-Hilweg* (FN 119), S. 91, 97, 100; in diesem Sinne auch *Binder-Wehberg*, Friedelind, Ungleichbehandlung von Mann und Frau. Eine soziologische und arbeitsrechtliche Untersuchung (= Schriften zum Sozial- und Arbeitsrecht, Bd. 6), Berlin 1970, 2. Teil B III 2 b, bb, S. 106 ff., S. 109.

[147] BVerfGE 21, 329.

nach diesen Vorschriften sollte die vom Dienstherrn zu gewährende Versorgung des Witwers einer Beamtin allein den Ausfall des Beitrags ersetzen, der von der verstorbenen Beamtin in Erfüllung ihrer bürgerlich-rechtlichen Pflicht, zum gemeinsamen Familienunterhalt beizusteuern und zugleich für den Unterhalt ihres Ehemannes aufzubringen war."[148] Die versorgungsrechtliche Sicherung des nichtbeamteten Ehemannes einer Beamtin hing also davon ab, wie zur Zeit ihres Todes die Einkommens- und Vermögensverhältnisse der Ehegatten sowie die sonstige familiäre Situation gestaltet waren. Ergab sich zu diesem Zeitpunkt kein Unterhaltsanspruch, so war jegliche beamtenrechtliche Versorgung des Witwers ausgeschlossen. Mit anderen Worten: Der Witwer erhielt nur dann das volle, dem Witwengeld entsprechende Witwergeld, wenn er ganz auf die Arbeitskraft der verstorbenen Beamtin angewiesen war.

Während der Bundesminister des Innern im Verfahren vor dem Bundesverfassungsgericht die Vereinbarkeit dieser Regelung mit Art. 3 Abs. 2, Abs. 3 GG damit begründete, es sei dem Gesetzgeber auch nach Art. 3 GG unbenommen gewesen, insoweit trotz Gleichartigkeit und Gleichwertigkeit der Dienste der Beamtin und der daraus resultierenden gleichen Besoldung an eine natürliche Funktionsteilung von Mann und Frau in Ehe und Familie anzuknüpfen, wonach es in erster Linie Aufgabe des Mannes sei, durch seine Erwerbstätigkeit zum Unterhalt der Familie beizutragen und entsprechende Altersvorsorge, auch für die Ehefrau, zu treffen, während der Frau in der Regel nur die Haushaltsführung obliege[149], kam das Bundesverfassungsgericht „unter dem Blickwinkel der herrschenden Alimentationstheorie"[150] zur Verfassungswidrigkeit der streitbefindlichen Regelungen. Aufgrund der besonderen Rechtsnatur des Beamtenverhältnisses, derzufolge die Versorgungsbezüge der Witwen und Waisen seit jeher nach den Grundsätzen zu beurteilen seien, die auch bei der Besoldung und Versorgung des Beamten selbst zu beachten sind[151], sah das Bundesverfassungsgericht von möglicherweise gegebenen biologischen oder funktionalen Unterschieden ab, da diese

---

[148] BVerfGE 21, 329, LS 2 u. 3.
[149] BVerfGE 21, 329, 342.
[150] BVerfGE 21, 329, 334 f.
[151] BVerfGE 21, 329, 344.

4. Die Anwendung des Art. 3 Abs. 2 GG durch die Rechtsprechung

für die beamtenrechtliche Hinterbliebenenversorgung nicht zuträfen. „Ausschlaggebend ist vielmehr, daß sie eine — grundsätzlich lebenslange — Tätigkeit als Beamtin ausübt und gerade durch diese ihre Berufstätigkeit zum Unterhalt ihrer Familie beiträgt."[152]

Diese Entscheidung — Zuerkennung gleicher Unterhaltsrechte und damit Verwirklichung der völligen „status- und besoldungsmäßigen Angleichung" — ist vor dem verfassungsrechtlichen Hintergrund des Art. 3 Abs. 2 in Verbindung mit Art. 3 Abs. 3 GG gefordert. Die Erhebung der „grundsätzlich lebenslangen Tätigkeit der Beamtin" und des unter dem Schutz des Art. 33 Abs. 5 GG stehenden Alimentationsprinzips zum Differentiationskriterium[153] jedoch zeigt, daß sich zwischen den Entscheidungen des Bundesverfassungsgerichts im 17. Bande und der Entscheidung im 21. Bande ein dogmatischer Graben auftut, der nicht zu schließen ist.

dd) Die Differenzierung nach „funktionalen" und „traditionell-arbeitsteiligen" Unterschieden in der neueren Rechtsprechung des BVerfG

Freilich ist in der Entscheidung des Bundesverfassungsgerichts vom 16. 6. 1981 hinsichtlich der Verfassungsmäßigkeit von § 32 Abs. 4 lit. b AVG in Verbindung mit der Anlage 2 zu § 32 a AVG das Bemühen erkennbar, das zu einer Reduzierung des Anwendungsbereichs von Art. 3 Abs. 2 GG führende Argument der funktional-arbeitsteiligen Unterschiede — das in den eben besprochenen (Rentnerinnen-)Entscheidungen des Bundesverfassungsgerichts von so großer Bedeutung war — weiter zu differenzieren.[154] Das Bundesverfassungsgericht kam aufgrund des Vorlagebeschlusses des Bundessozialgerichts zu dem Ergebnis, § 32 Abs. 4 lit b AVG verletze Art. 3 Abs. 2 GG dadurch, daß weiblichen Versicherten ein niedrigeres Brutto-Jahresarbeitsentgelt zugeordnet werde als den männlichen Versicherten dieser Leistungsgruppe. Wenngleich diese Entscheidung damit im wesentlichen den Grundzügen der Entscheidung über die Verfassungsmä-

---

[152] BVerfGE 21, 329, 347 u. v. a. BVerfGE 3, 58, 160; 8, 1, 14 f.; 11, 203, 209, 214 f.

[153] BVerfGE 21, 329, 352.

[154] BVerfGE 57, 335 = NJW 1981, S. 2177; vgl. JuS 1982, S. 472.

ßigkeit von § 22 Abs. 1 Satz 1 lit. b FRG folgt[155], in der bereits ausgeführt worden war, daß der für diese Regelung maßgebende Lohnabstand zwischen Männern und Frauen weder auf biologische noch auf funktional-arbeitsteilige Unterschiede zurückzuführen sei, so bleibt doch bemerkenswert, daß das Bundesverfassungsgericht nun zwischen funktionalen und „traditionell arbeitsteiligen" Unterschieden trennt.[156] Zwar gehe § 32 Abs. 4 lit. b AVG zutreffend davon aus, daß Frauen durchschnittlich weniger verdienen als Männer[157]; dies wurde jedoch nicht als entscheidungserheblich angesehen, da die Leistungen der gesetzlichen Rentenversicherung „einmal mehr auf dem versicherungsrechtlichen und einmal mehr auf dem fürsorgerischen Prinzip" beruhen. Da die Regelung des § 32 Abs. 4 lit. b AVG „eine aus dem Gedanken des sozialen Ausgleichs abgeleitete Vergünstigung der Versicherten" darstelle und somit selbst eine Korrektur der sozialen Wirklichkeit zum Ziel habe[158], könne der Argumentation des Bundesministeriums für Arbeit und Sozialordnung sowie des Verbandes Deutscher Rentenversicherungsträger nicht gefolgt werden, „die Regelung knüpfe nicht an das Geschlecht, sondern an Durchschnittsverdienste an; es sei darüber hinaus auch nicht Aufgabe des Gesetzgebers, die vorgefundene soziale Wirklichkeit in der Rentenversicherung nachträglich zu korrigieren".

Damit hat das Bundesverfassungsgericht den — so überaus begrüßenswerten — Weg eingeschlagen, die sog. „funktional-arbeitsteiligen Unterschiede" nicht lediglich aus dem sozialstatistischen Befund abzuleiten — wie dies noch bei den „Rentnerinnen-Entscheidungen"

---

[155] BVerfGE 43, 213, 225 = NJW 1977, S. 1145.

[156] BVerfG, NJW 1981, S. 2177.

[157] Unter Berufung auf *Kirner*, Deutsches Institut für Wirtschaftsforschung, Ursachen für die Unterschiede in der Höhe der Versichertenrenten an Frauen und Männer in der gesetzlichen Rentenversicherung, 1980, S. 72 ff. m. w. N.; vgl. Tabellen E, F im Anhang. Die von *Pross* unternommene Untersuchung differenzierte nach 9 bzw. 8 Gehaltsstufen. Aus der Untersuchung ergibt sich, daß 83 % der Frauen die Gehaltsstufen 3 - 5 einnehmen. Bei den Männern sind es hingegen nur 59 %, wobei die Gehaltsstufen 3 und 4 lediglich 2 bzw. 9 % ausmachen. 74 % der Frauen nehmen die Gehaltsstufen 1 - 4 ein, jedoch nur 12 % der Männer. Die Gehaltsstufen 6 - 8 sind bei Frauen mit lediglich 4 %, bei Männern mit 32 % vertreten.

[158] BVerfG, NJW 1981, S. 2177, 2178.

4. Die Anwendung des Art. 3 Abs. 2 GG durch die Rechtsprechung

der Fall war —, sondern diesen sozialstatistischen Befund an jener materialen Werttypik zu messen, die Art. 3 Abs. 2 GG als verfassungsrechtlichen Standard vorgibt. Ein solches Vorgehen wurde freilich durch die besondere Natur des hier streitgegenständlichen Rechtsgebiets erleichtert, d. h. durch das vom Bundesverfassungsgericht konstatierte, den Leistungen der gesetzlichen Rentenversicherung immanente Prinzip des sozialen Ausgleichs.[159]

ee) Bewertung von „interner" und „externer" Erwerbstätigkeit der Ehefrau

Dogmatisch läßt sich die zu § 32 Abs. 4 lit. b AVG ergangene Entscheidung in die Typik der sog. „Mitarbeiterinnen-Entscheidung" des Bundesverfassungsgerichts einordnen, die 1962[160] bzw. 1964[161] ergingen. Verfassungsrechtliche Ansatzpunkte waren hier freilich Art. 3 Abs. 1 in Verbindung mit Art. 6 Abs. 1 GG, nicht Art. 3 Abs. 2 GG.

Für die Entscheidungen im 13. und 18. Bande ist *Reich-Hilweg* nicht zuzustimmen, „daß die Maßstabsnorm des Art. 6 Abs. 1 GG für die Frau reduziertes Recht bedeutet."[162] Dogmatisch verfehlt erscheint allerdings der oben erwähnte verfassungsrechtliche Ansatzpunkt des Bundesverfassungsgerichts.

Die Entscheidungen im 13. Bande betrafen die Frage der steuerlichen Bewertung der mithelfenden Ehefrau, also deren „interner" Erwerbstätigkeit.[163] Sowohl § 8 Ziff. 5 des Gewerbesteuergesetzes als

---

[159] Auf die Frage, inwieweit das in Art. 20 Abs. 1 GG niedergelegte Sozialstaatsprinzip eine Verpflichtung des Gesetzgebers im Sinne der unter Pkt. II 2 c genannten positiven Wirkungsrichtung 2, ggf. unter Überspielen der negativen Wirkungsrichtung 2 auslöst, wird weiter unten eingegangen werden. Vgl. nunmehr auch zur Frage der Verfassungsmäßigkeit von § 1255 Abs. 4 lit. b RVO idFdG zur Beseitigung von Härten in den gesetzlichen Rentenversicherungen und zur Änderung sozialrechtlicher Vorschriften (RVÄndG) v. 9.6.1965 (BGBl I, S. 476) i. V. m. Leistungsgruppe 3 der Anlage 2 den Vorlagebeschluß des BGH v. 13.1.1982 (IV b ZB 558/81 in NJW Heft 14/82, S. VI).
[160] BVerfGE 13, 290; 13, 318.
[161] BVerfGE 18, 257, 265.
[162] *Reich-Hilweg*, Männer und Frauen sind gleichberechtigt (FN 119), S. 107.
[163] Vgl. FN 121.

auch das Verfahren bei der einheitlichen und gesonderten Gewinnfeststellung nach § 215 Abs. 2 AO wurden für unvereinbar mit Art. 6 Abs. 1 GG erkannt[164], da „das Ehegatten-Arbeitsverhältnis ... zwar möglicherweise im einzelnen graduelle Unterschiede zu vergleichbaren Arbeitsverhältnissen anderer Familienangehöriger oder fremder Personen, aber keinen spezifisch anderen Charakter aufweise"[165], so daß die Tatsache der Beschäftigung des Ehegatten im eigenen Gewerbebetrieb den Lebenssachverhalt nicht so entscheidend präge, daß eine Ungleichbehandlung vor Art. 3 Abs. 2 GG Bestand haben könnte. Die Argumentation des Bundesverfassungsgerichts erfolgte dabei gewissermaßen in zwei Stufen: Zunächst wurde die Frage gestellt, „ob es einen sachgerechten Grund gibt, Arbeitsverträgen von Ehegatten im Gewerbesteuerrecht die Anerkennung zu versagen"[166]; dies hing im wesentlichen davon ab, ob sich „bei wirtschaftlicher Betrachtungsweise ergebe ..., daß Arbeitsverträge zwischen Ehegatten und ebenso zwischen einer Personengesellschaft und dem Ehegatten eines Mitunternehmers, auch wenn sie ernsthaft geschlossen sowie faktisch durchgeführt seien und das Entgelt den Leistungen im Betrieb angemessen sei, im allgemeinen einen wesentlichen anderen Charakter, eine wesentlich andere Prägung hätten als Verträge zwischen einander fremden Arbeitgebern und Arbeitnehmern".[167]

Das Bundesverfassungsgericht schloß sich dabei der Auffassung der Vorinstanz (insbesondere des BFH) nicht an, der „wesentlich andere Charakter" der Ehegatten-Arbeitsverhältnisse resultiere zum einen aus der Überlagerung des Arbeitsverhältnisses durch die Normen des Eherechts, so daß „Arbeiten untergeordneter Art, wie die Tätigkeit der Ehefrau im Ladengeschäft oder die Führung der Bücher ... als Auswirkung der Ehe und des ehelichen Güterrechts anzusehen" seien[168], zum anderen ermangele das Ehegatten-Arbeitsverhältnis „der für ein Arbeitsverhältnis konstitutiven Merkmale wie der Unterordnung des Arbeitnehmers unter die Direktionsbefugnis des Arbeit-

---

[164] Vom 1.12.1936 (RGBl I, S. 979) i. d. F. d. G. vom 21.12.1954 (BGBl I, S. 473).
[165] BVerfGE 13, 290, LS 2, S. 295; 13, 318, 325.
[166] BVerfGE 13, 290, 306.
[167] BVerfGE 13, 290, 299.
[168] BVerfGE 13, 318, 320; so aber BFHE 66, 66, 79, 81; 69, 181, 182.

4. Die Anwendung des Art. 3 Abs. 2 GG durch die Rechtsprechung 61

gebers. ..."[169] Zudem sei der mitarbeitende Ehegatte in den Augen der anderen Arbeitnehmer nicht ein gleichgestellter Kollege, sondern der Chef oder die Chefin.[170] Mit dem Grundsatz der steuerlichen Beachtlichkeit ernsthaft abgeschlossener und tatsächlich durchgeführter Ehegatten-Arbeitsverträge bekräftigte das Bundesverfassungsgericht die im 9. Band seiner Entscheidungen eingeschlagene Linie, einerseits dem Grundsatz der Vertragsfreiheit auch im Eherecht, zum anderen dem in § 1356 Abs. 2 Satz 1 BGB n. F. niedergelegten Recht beider Ehegatten auf Erwerbstätigkeit Rechnung zu tragen.[171]

Waren damit — in Fortführung der Rechtsprechung des Preußischen Oberverwaltungsgerichts[172] — Ehegattenarbeitsverträge anzuerkennen, so ergab sich folgerichtig kein sachgerechter Grund, „den Arbeitnehmervergütungen allein für den Fall, daß der Arbeitnehmer der Ehegatte des Unternehmers ist, die Anerkennung als Betriebsausgaben" zu versagen, einen Unternehmer also mehr Steuern zahlen zu lassen, „weil er statt einer anderen Person seinen Ehegatten beschäftigt".[173]

Dabei geht *Reich-Hilwegs* Kritik[174] — die Frau werde Arbeitnehmerin, jedoch nur innerhalb des Schutzbereiches der Ehe — bei formaler Betrachtung durchaus an der Sache vorbei, da der verfassungsgerichtlichen Prüfung die Frage unterlag, ob § 8 Ziff. 5 GewStG wie ehedem § 26 EStG a. F.[175] zulässigerweise abgaberechtliche Folgen an den Ehestand knüpfen dürfe, die dann zu einer Verschärfung des Steuerdrucks führten. Beschwert und daher antragsbefugt war somit der Ehemann, der Verstöße gegen die Grundentscheidungen nach

---

[169] So BFHE 70, 422, 425; 71, 307, 310.
[170] BFHE 66, 66, 80; vgl. BVerfGE 13, 318, 320, 329.
[171] BVerfGE 9, 237, 244; vgl. *Palandt*, 44. Aufl. 1985, § 1356, Rz. 4 d; vgl. BFH, Urt. v. 14. 10. 1981, NJW 1982, S. 791.
[172] Vgl. PrOVGE 83, 63; 88, 48, 50; RuPrVerwBl 52, S. 77 sowie die Angaben bei BVerfGE 13, 290, 300.
[173] BVerfGE 13, 290, 294, 317; 13, 318, 327; vgl. *Reich-Hilweg*, Männer und Frauen sind gleichberechtigt (FN 119), S. 104 ff.
[174] *Reich-Hilweg*, Männer und Frauen sind gleichberechtigt (FN 119), S. 106.
[175] § 26 a EStG a. F. war bereits durch BVerfGE 6, 55 für verfassungswidrig erklärt worden.

Art. 3 Abs. 1 GG und Art. 6 Abs. 1 GG rügen konnte. Es ging mithin nicht darum, ob die durch die „interne" Erwerbstätigkeit der Ehefrau erzielte Arbeitsvergütung dieser steuerrechtlich zugerechnet wurde, sondern darum, ob bei der Feststellung des Gewerbeertrags die Arbeitsvergütung der Ehefrau dem Gewinn des Gewerbebetriebs insgesamt hinzugerechnet werden durfte, so daß der Ehemann als Steuerschuldner durch die Hinzurechnung beschwert wurde.

Freilich ist *Reich-Hilweg*[176] zuzustimmen, als die Stellung der mitarbeitenden Ehefrau insoweit nur relativ autonom gesehen wurde. Dies ergibt sich daraus, daß den Entscheidungen des Bundesverfassungsgerichts im 13. Bande offensichtlich das für die landwirtschaftliche Betätigung geltende Prinzip der „Ehe als Arbeitsgemeinschaft" zugrunde gelegt wurde, so daß aus der durch die Hinzurechnung der Arbeitsvergütung der mithelfenden Ehefrau erhöhten Gewerbesteuer als Objektsteuer zugleich eine verfassungswidrige Beeinträchtigung des Rechtsinstituts der Ehe gefolgert wurde.[177] *Reich-Hilweg* hat indes eine Linie aufgezeigt, die fern formaler Argumentation die materiell-rechtlichen Implikate eines Anknüpfens lediglich an Art. 6 Abs. 1 GG verdeutlicht. Diese wird allerdings weniger für die Entscheidungen im 13. Bande, sondern insbesondere bei der Frage der Kranken- und Rentenversicherungspflichtigkeit des Ehegattenarbeitnehmers deutlich.

Der verfassungsgerichtlichen Prüfung unterlagen die Fragen, ob der Ausschluß von Arbeitnehmer-Ehegatten von der Krankenversicherungspflicht gem. § 176 Abs. 1 Nr. 1 RVO in Verbindung mit § 165 Abs. 1 RVO (mit der Möglichkeit des freiwilligen Beitritts) zum einen, zum anderen der Ausschluß der bei ihren Ehegatten in Beschäftigung stehenden Angestellten von der freiwilligen Rentenversicherung gem. § 4 Abs. 1 Nr. 2 AVG[178] verfassungskonform waren. Den Ausschluß von der Krankenversicherungspflicht rechtfertigte das

---

[176] Auf den Institutsbegriff, die Ableitung desselben aus der historischen Rechtsschule von Savignys und seiner Entwicklung unter der soziologisch-normativen Methode bei Hauriou bei *Reich-Hilweg*, Männer und Frauen sind gleichberechtigt (FN 119), Teil II, 2 (S. 39 ff.), kann hier nicht eingegangen werden.

[177] BVerfGE 18, 257, 261.

[178] I. d. F. d. AVG-NG vom 23. 2. 1957 (BGBl I, S. 88), das die früher mögliche freiwillige Selbstversicherung ausschloß.

4. Die Anwendung des Art. 3 Abs. 2 GG durch die Rechtsprechung 63

Bundesverfassungsgericht trotz des minderen Versicherungsschutzes durch die freiwillige Selbstversicherung mit der „geringeren sozialen Schutzbedürftigkeit des Ehegatten-Arbeitnehmers ..., die sich aus der engen persönlichen Verbundenheit und der daraus regelmäßig folgenden größeren Rücksichtnahme des Arbeitgebers auf die Gesundheit des Arbeitnehmers ergibt".[179] Das Bundesverfassungsgericht bediente sich also hier jenes „psychisch-sozialen Moments"[180], das es als Kriterium im Verfahren über die Verfassungsmäßigkeit der einheitlichen und gesonderten Gewinnfeststellung gem. § 215 Abs. 2 AO abgelehnt hatte.

Der völlige Ausschluß des Ehegatten-Arbeitnehmers von jeder Teilnahme an der Rentenversicherung hingegen wurde als gegen Art. 3 Abs. 1 in Verbindung mit Art. 6 Abs. 1 GG verstoßend für unzulässig erachtet, da kein sachgerechter Grund ersichtlich sei, „im Hinblick auf die Zugehörigkeit zur Rentenversicherung echte Arbeitsverhältnisse zwischen Ehegatten ... in dem Maße einer Sonderregelung zu unterwerfen, wie es die zu prüfenden Bestimmungen vorsahen".[181] Umgekehrt gebiete es aber die Verfassung nicht, die Ehegatten unbedingt dem Zwang der Zugehörigkeit zur Rentenversicherung zu unterwerfen, da bei Ehegatten-Arbeitsverhältnissen „immerhin" Unterschiede bestünden.[182] Diese — obzwar in der Entscheidung im 18. Bande nicht explicite genannt — können daher nur wiederum „psychisch-sozialer" Natur sein, also von jener Qualität, wie sie bei der Entscheidung im 13. Bande als nichtentscheidungserheblich abgelehnt wurde.

Die besondere Problematik der in dieser Entscheidung ausgesprochenen „Empfehlung" an den Gesetzgeber, im Rahmen der gesetzlichen Rentenversicherung die Möglichkeit des freiwilligen Beitritts zu erörtern, wurde deutlich, nachdem der Gesetzgeber in § 2 Abs. 1 Satz 1 des 2. Rentenversicherungs-Änderungsgesetzes[183] dieser „Empfehlung" Rechnung getragen hatte und folgerichtig die zur Angestelltenversicherung nachentrichteten Beiträge im Rahmen der

---

[179] BVerfGE 18, 257, 267.
[180] BVerfGE 13, 318, 329 in bezug auf die „Chef-Chefin-Theorie".
[181] BVerfGE 18, 257, 269.
[182] BVerfGE 18, 257, 273.
[183] Vom 23. 12. 1966 (BGBl I, S. 745).

freiwilligen Selbstversicherung nicht als Pflichtbeiträge im Sinne des § 25 Abs. 3 Satz 1 AVG anerkannt wurden. Es entsprach der inneren Logik der Entscheidung im 18. Bande, wenn das Bundesverfassungsgericht in seiner Entscheidung vom 17. 10. 1973[184] zu dem Ergebnis kam, daß „im Vergleich der nachentrichteten Beiträge von Ehegatten-Arbeitnehmerinnen mit fortlaufend entrichteten Beiträgen pflichtversicherter Arbeitnehmerinnen ... die im Hinblick auf den Anspruch auf vorgezogenenes Altersruhegeld bestehende Benachteiligung gerechtfertigt ist".[185] Verfassungsrechtlicher Anknüpfungspunkt war wiederum Art. 3 Abs. 1 GG, der es dem Bundesverfassungsgericht ermöglichte, die rechtliche Stellung derer, die fortlaufend Beiträge zur gesetzlichen Rentenversicherung entrichteten, mit der Stellung jener zu vergleichen, die Beiträge nachentrichteten. Folgerichtig ließen „diese Erwägungen ... die Ungleichbehandlung der nachentrichteten Beiträge gegenüber den fortlaufend entrichteten Beiträgen der begünstigten freiwillig Weiterversicherten nicht als willkürlich erscheinen".[186]

Die Entscheidung zu § 2 Abs. 1 Satz 1 des 2. Rentenversicherungs-Änderungsgesetzes verdankt ihre Begründung einer „Argumentation kraft Ingerenz". Das Erkenntnis im 18. Bande verbot es, bei der Bewertung der nachentrichteten Beiträge zur Angestelltenversicherung zu einem anderen Ergebnis zu kommen. Die in BVerfGE 18, 257, wieder aufgegriffene — seit BVerfGE 13, 318, dogmatisch obsolet gewordene — Berücksichtigung der „psychisch-sozialen Momente" mußte somit in BVerfGE 36, 120 ihren impliziten Niederschlag finden.

c) Die Anwendung von Art. 3 Abs. 2 GG im Arbeitsrecht

Obgleich in den Verhandlungen im Hauptausschuß des Parlamentarischen Rats 1948/49 davon ausgegangen worden war, Art. 3 Abs. 2 GG umfasse auch den Anspruch der berufstätigen Frau auf gleichen Lohn bei gleicher Arbeit[187], sollten sich die vom Abgeordneten

---

[184] BVerfGE 36, 120.
[185] BVerfGE 36, 120, 124.
[186] BVerfGE 36, 120, 125.
[187] Vgl. *Hofmann*, Die Entwicklung der Gleichberechtigung von Mann und Frau (FN 2), S. 12 f.

4. Die Anwendung des Art. 3 Abs. 2 GG durch die Rechtsprechung

Dr. Renner geäußerten Bedenken in der Folgezeit vollauf bestätigen.[188] Es blieb vornehmlich der Rechtsprechung des Bundesarbeitsgerichts vorbehalten, Art. 3 Abs. 2 GG auch im Arbeitsrecht Geltung zu verschaffen. Der Grundstein hierzu wurde im wesentlichen durch drei Urteile aus dem Jahre 1955 gelegt[189], in denen sich das Bundesarbeitsgericht mit der Frage der Bindung der Tarifvertragsparteien, der Zulässigkeit genereller und schematischer Gehaltsabschlagsklauseln in Tarifverträgen und den Anforderungen an die Zulässigkeit von Unterscheidungsmerkmalen auseinanderzusetzen hatte.

aa) Bindung auch der Tarifvertragsparteien

Im Urteil vom 15. 1. 1955[190] stellte das BAG klar, daß der Lohngleichheitsgrundsatz als Grundrecht nicht nur die staatliche Gewalt, sondern auch die Tarifvertragsparteien bindet.[191] Demzufolge wurden Tarifklauseln, die generell und schematisch weiblichen Arbeitskräften bei gleicher Arbeit nur einen bestimmten Hundertsatz der tariflichen Löhne als Mindestlohn zubilligen, als gegen den Lohngleich-

---

[188] Vgl. FN 187.
[189] Vom 15. 1. 1955 = BAGE 1, 258 = AP Nr. 4 zu Art. 3 GG; vom 2. 3. 1955 = AP Nr. 6 zu Art. 3 GG; vom 6. 4. 1955 = BAGE 1, 348 = AP Nr. 7 zu Art. 3 GG.
[190] BAGE 1, 258; abgedr. auch bei *Renger*, Annemarie, Gleiche Chancen für Frauen? Berichte und Erfahrungen in Briefen an die Präsidentin des Deutschen Bundestages, Heidelberg/Karlsruhe 1977, S. 177.
[191] BAGE 1, 258, LS 3; bestätigt durch AP Nr. 7 zu Art. 3 GG, LS 1; vgl. zuletzt BAG, NZA 1985, S. 600; NJW 1986, S. 1006. Damit war das Bundesarbeitsgericht dem von *Alfred Hueck* verfaßten Rechtsgutachten für die Bundesvereinigung der Deutschen Arbeitgeberverbände von 1951 (Die Bedeutung des Art. 3 des Bonner Grundgesetzes für die Lohn- und Arbeitsbedingungen der Frauen. Schriftenreihe der Bundesvereinigung der Deutschen Arbeitgeberverbände, Heft 2, Köln 1951) nicht gefolgt, der angenommen hatte, daß Art. 3 Abs. 2 GG nur den Staat binde und infolgedessen nicht für Einzelarbeitsverträge, Betriebsvereinbarungen und Tarifverträge gelte (Grundsatz 3). Art. 3 Abs. 2 GG schloß nach dieser Meinung auch nicht die Allgemeinverbindlicherklärung eines den Gleichheitsgrundsatz nicht berücksichtigenden Tarifvertrages aus und stelle ebenfalls keine bindende Form für das Schlichtungsverfahren auf. (Vgl. zum ganzen: *Kuhn*, Annette / *Schubert*, Doris, [Hrsg.], Frauenalltag und Frauenbewegung im 20. Jahrhundert. Materialsammlung zu der Abteilung 20. Jahrhundert im Historischen Museum Frankfurt, Frankfurt a. M. 1980, Bd. IV: Frauen in der Nachkriegszeit und im Wirtschaftswunder 1945 - 1960, S. 107 ff.).

heitsgrundsatz verstoßend als nichtig erkannt.[192] Damit war gleichzeitig die Frage zulässiger Differenzierungsklauseln angesprochen, die sich insbesondere bei jenen Tätigkeiten ergeben konnte, die in praxi in der Regel nur von Frauen ausgeübt wurden. Für die Tätigkeit eines „Verkäufers im Handel" erkannte das BAG, daß es für die Frage der Wirksamkeit oder Unwirksamkeit von Gehaltsabschlagsklauseln für Frauen nicht darauf ankommt, ob bestimmte Verkaufstätigkeiten in einzelnen Betrieben nur von Frauen oder nur von Männern verrichtet werden, wenn ein Tarif Verkaufstätigkeit sowohl für Frauen als auch für Männer vorsieht.[193] Daraus ergab sich zwingend die Unzulässigkeit einer in Tarifverträgen häufig enthaltenen Regelung, die neben den nach Tätigkeitsmerkmalen geordneten Lohngruppen für männliche Arbeitnehmer eine — in der Regel die niedrigste — Lohngruppe mit der Überschrift „Arbeiterinnen" enthielt. Die in dieser Lohngruppe unterlassene Aufstellung von Tätigkeitsmerkmalen offenbarte zugleich, daß hier lediglich an das Geschlecht angeknüpft und damit gegen Art. 3 Abs. 2 GG verstoßen wurde.[194] Da ein Verstoß gegen Art. 3 Abs. 2 GG jedoch für den Fall verneint wurde, daß die Bezeichnung der niedrigsten Lohngruppe mit „Arbeiterinnen" lediglich eine Kurzbezeichnung für Tätigkeiten war, die den von männlichen Arbeitnehmern zu leistenden Tätigkeiten weder gleichartig noch gleichwertig waren, erhob sich die Frage nach den zulässigen Kriterien für die Beurteilung, ob Arbeitsplätze gleichwertig bzw. gleichartig sind. Bereits im Urteil vom 6. 4. 1955 hatte das BAG klargestellt, daß die konkret zu leistende Arbeit dann „gleichwertig" ist, wenn sie nach Tarif- und Arbeitspraxis „gleichartig" ist.[195] Im gleichen Urteil empfahl das BAG, „die Begriffe ‚gleiche Arbeit' und ‚gleichwertige Arbeit' im Sinne der objektiven Maßstäbe arbeitswissenschaftlicher Bewertung der Arbeitsplätze gleichbedeutend zu verwenden. Dabei kommt es auf die objektive Bewertung der Beschäftigung aufgrund der dabei seitens der Arbeitenden erforderlichen Arbeitsleistung an".[196]

---

[192] BAGE 1, 258, LS 4; bestätigt durch AP Nr. 7 zu Art. 3 GG, LS 3.
[193] BAG, AP Nr. 6, LS 3.
[194] BAG vom 23. 3. 1957, LS 1, zit. nach Renger, Gleiche Chancen für Frauen? (FN 190), S. 173 f.
[195] BAGE 1, 348, LS 7.
[196] BAGE 1, 348, LS 6.

bb) Die Bedeutung der Kriterien der Arbeitsplatzbewertung

Der soeben zitierte Leitsatz 6 des Urteils des BAG trug der Tatsache Rechnung, daß das durch die Rechtsprechung des BAG für den Bereich des Arbeitsrechts gesicherte Prinzip der Gleichbehandlung von Mann und Frau durch die Praxis der Lohngruppeneinteilung unterlaufen wurde, da die Arbeitskraft immer noch nach „schwerer" oder „leichter körperlicher Beanspruchung" gewertet wurde. Diese sog. Leichtarbeits- oder Leichtlohngruppen wurden dabei wie folgt umschrieben:

Gruppe 01: Körperlich leichte Arbeiten, die nach kurzer Anweisung ausgeführt werden können.

Gruppe 02: Körperlich leichte Arbeiten, die ein Anlernen von mind. 4 Wochen erfordern.

Gruppe 1: Ungelernter Arbeiter mit Arbeitsbereitschaft; hierunter fallen Tätigkeiten, bei denen regelmäßig und in erheblichem Umfange Arbeitsbereitschaft anfällt, und die ohne jegliche Ausbildung nach kurzer Anweisung ausgeführt werden können.[197]

Die Leichtlohngruppen 01 und 02 zeichnen sich also übereinstimmend durch das gemeinsame Kriterium der „körperlich leichten Arbeiten" aus, während der Vergleich mit den Gruppen 1 und 2 (Arbeiten, die nach einer kurzfristigen Einarbeitungszeit ausgeführt werden können) auf das Kriterium der körperlichen Beanspruchung gänzlich verzichten und lediglich nach der Einarbeitungszeit differenzieren.

Das vom Bundesminister für Arbeit und Sozialordnung in Auftrag gegebene Gutachten von *Rohmert* und *Rutenfranz*[198] „bestätigte aufgrund umfangreicher Studien, daß die bisher im Rahmen der Arbeitsbewertung angewendeten Methoden zur Beurteilung der Belastung an verschiedenen Arbeitsplätzen den heutigen Verhältnissen nicht mehr gerecht werden, weil sie einseitig energetisch orientiert sind.

---

[197] *Radke*, Olaf / *Rathert*, Wilhelm, Gleichberechtigung?, Frankfurt a. M. 1964, S. 14 f.

[198] *Rohmert*, Wilhelm / *Rutenfranz*, Joachim, Arbeitswissenschaftliche Beurteilung der Belastung und Beanspruchung an unterschiedlichen industriellen Arbeitsplätzen, Bonn 1975.

Notwendig ist die Entwicklung einer analytischen Arbeitsplatzbewertung, die auch Belastungen der Sinne und Nerven berücksichtigt".[199]

Die durch die Verwendung der Kriterien „leichte" bzw. „schwere Arbeit" zum Ausdruck kommende, einseitige, den Anforderungen etwa der Bandproduktion nicht mehr gerecht werdende energetische Betrachtungsweise führte zu einem für Frauen katastrophalen Lohngefälle. So zeigt etwa die von *Radke* und *Rathert* 1964 angestellte Untersuchung[200] im Zeitraum 1950 - 1963 für die metallverarbeitende Industrie von Nordrhein-Westfalen folgende Unterschiede hinsichtlich der Ecklöhne[201]:

	Männer	Frauen[202]
Hilfsarbeiter:	320	260
Angelernte Arbeiter:	380	270
Facharbeiter:	410	310

Daraus ergibt sich, daß die Frauenlöhne beispielsweise in der Metallindustrie, je nach Tarifvertrag, zwischen 75 - 87,5 % der nach Tätigkeitsanforderungen vergleichbaren Männerlöhne lagen, der Abzug sich also zwischen 25 und 12,5 % bewegte. Noch größere Abzüge ergaben sich dann, wenn die Tarifverträge von den Männerlohngruppen unabhängige Frauenlohngruppen vorsahen. Die statistische Tendenz einer verfassungswidrigen Benachteiligung von Frauen trotz identischer Tätigkeitsmerkmale, d. h. trotz gleichwertiger Arbeitsleistung bei gleichartiger Arbeit, hielt bis zum gegenwärtigen Zeitpunkt unverändert an. So lagen etwa die Bruttostundenverdienste der Frauen in der Industrie nach Angaben des Statistischen Bundesamts im Jahre 1971 um 20,4 % unter denen der Männer[203], wobei die

---

[199] *Renger*, Gleiche Chancen für Frauen? (FN 190), S. 20.

[200] Vgl. FN 197.

[201] Ecklohn ist der Lohn, welchen der Facharbeiter erhält, der über 21 Jahre alt ist, eine Lehre abgeschlossen hat und in seinem Beruf beschäftigt wird. Auf diesen Ecklohn (= 100 %) baut sich die Relation zu anderen Lohngruppen auf.

[202] *Radke / Rathert*, Gleichberechtigung? (FN 197), Tabellen 73 - 75, S. 108 ff.

[203] Vgl. *Hoffmann-Bludau*, Das Gleichberechtigungsgebot (FN 90), S. 61 ff.

4. Die Anwendung des Art. 3 Abs. 2 GG durch die Rechtsprechung 69

jeweilige Differenz in den einzelnen Wirtschaftsabteilungen unterschiedlich war; so betrug sie in der Bekleidungsindustrie 23,7 %, in der Elektroindustrie 26,5 %, in der Glasindustrie 34,2 %, im Druckereigewerbe schließlich 38,3 %. Die besondere Relevanz dieser Zahlen erhellt sich schließlich daraus, daß etwa die Einzelberufe in der Bekleidungsindustrie sich durch überdurchschnittliche Frauenanteile auszeichnen: So sind etwa Frauen in den Ausbildungsberufen „Damenschneiderin", „Kürschnerin" und „Schaufenstergestalterin" mit 98 % bzw. 63 % bzw. 57 % vertreten.[204]

Darüber hinaus gewährleistete die Heranziehung energetischer Kriterien bei der Arbeitsplatzbewertung eine optimale Ausbeutung der Arbeitskraft der Frau, wenn man sich vergegenwärtigt, daß etwa der Anteil der Fließbandarbeiter 3 %, jener der Arbeiterinnen 13 % (für 1972) beträgt, so daß von insgesamt 690 000 am Fließband tätigen Arbeitnehmern 63 % Frauen waren[205], es aber gerade die Fließbandtätigkeiten sind, die entweder unter die Leichtlohngruppen 01, 02 oder aber unter die Gruppen 1 und 2 fallen, andererseits aber — etwa in der optischen Industrie oder aber im Bereich des elektronischen Feinmeßwerkgerätebaues — ein hohes Maß an Konzentration und demzufolge psychischer Belastung erfordern.

Interessanterweise stimmt die Tatsache der faktischen Benachteiligungen von Frauen am Arbeitsplatz mit der Selbsteinschätzung der

---

[204] Institut für Arbeitsmarkt- und Berufsforschung der Bundesanstalt für Arbeit (Hrsg.), Frauen und Arbeitsmarkt. Ausgewählte Aspekte der Frauenerwerbstätigkeit, Nürnberg 1976, S. 21.

[205] Institut für Arbeitsmarkt- und Berufsforschung der Bundesanstalt für Arbeit (FN 204), S. 34. Für April 1978 errechneten sich die Stundenverdienste weiblicher Arbeiter in % der Männerverdienste wie folgt:

Nahrungs- und Genußmittel	69,8 %
Chemie	71,9 %
Bekleidung	76,1 %
Elektrotechnik	78,5 %
Textilgewerbe	81,2 %
Autoindustrie	82,8 %
Feinmechanik, Optik	78,8 %
Maschinenbau	76,6 %
Kunststoffverarbeitung	74,4 %
Papier- und Pappeverarbeitung	71,5 %
Glasindustrie	69,5 %

(Zitiert nach *Kaiser* [Hrsg.], Wir wollen gleiche Löhne [FN 71], S. 25.)

Betroffenen überein. So ergab eine Selbsteinschätzung der Erwerbstätigen im Jahre 1972, daß 70 % der Frauen insgesamt und 73 % der erwerbstätigen Frauen die Auffassung vertraten, daß Männer bevorzugt würden. Dies meinten auch 58 % der befragten Männer. Nur 17 % der Frauen insgesamt bzw. 18 % der erwerbstätigen Frauen glaubten, gleiche Chancen zu haben.[206]

Die im Bereich der tariflichen Lohngestaltung beobachtbare ungleiche Entlohnung von Männern und Frauen für gleichwertige Arbeit wird durch ein „raffiniertes System übertariflicher Zulagen" noch verschärft.

cc) Der Grundsatz der gleichen Entlohnung für gleiche (gleichwertige) Arbeit

Nachdem durch die Urteile des BAG von 1955 und 1957 das Gebot der gleichen Entlohnung für gleichwertige Arbeit bestimmt war, ging man in der Arbeitspraxis häufig dazu über, bei gleichen tariflichen Löhnen die Ungleichbehandlung durch unterschiedlich hohe Zulagen fortzuschreiben. Dieser Praxis gebot das BAG durch Urteil vom 11. Sept. 1974[207] Einhalt: „Mit der allgemein gehaltenen Begründung, die Zulage werde den Männern wegen ihres größeren Anteils an körperlich schwerer Arbeit und wegen ihrer verantwortungsvolleren Aufgabe der Überwachung und Wartung der Maschinen gewährt, ist die generelle Schlechterstellung der Frauen nicht zu rechtfertigen, auch wenn vordergründig nicht an das Geschlecht angeknüpft wird."[208] Diese Linie wurde im — publizistisch häufig überschätzten — sog. „Heinze-Urteil" des BAG vom 9. 9. 1981 fortgeführt.[209] Aufgrund des auch bei der Zahlung übertariflicher Leistungen geltenden Grundsatzes der Lohngleichheit von Mann und Frau wurde den Klägerinnen der geltend gemachte Anspruch auf Zahlung einer übertariflichen Zulage von DM 1,50 brutto je Arbeitsstunde

---

[206] *Renger*, Gleiche Chancen für Frauen? (FN 190), S. 12.

[207] 5 AZR 567/73 = AP Nr. 39 zu § 242 BGB = NJW 1975, S. 751; Zur Unzulässigkeit der Männern gewährten sog. „Ehefrauenzulage" vgl. BAG, Urt. v. 13. 11. 1985, NJW 1986, S. 1006 ff.

[208] LS 7.

[209] NJW 1982, S. 461; vgl. *Kaiser* (Hrsg.), Wir wollen gleiche Löhne (FN 71), passim.

4. Die Anwendung des Art. 3 Abs. 2 GG durch die Rechtsprechung

zuerkannt. Von den 16 männlichen und 53 weiblichen Arbeitnehmern — die beide in Lohngruppe 1 eingruppiert waren — erhielten alle männlichen Arbeitnehmer eine übertarifliche Zulage von DM 1,50 brutto je Arbeitsstunde; von den 29 Klägerinnen hatten 16 überhaupt keine übertarifliche Zulage erhalten, 4 eine solche von 0,12 DM, 3 eine Zulage von 0,24 DM, eine Arbeitnehmerin eine übertarifliche Zulage von 0,54 DM, eine weitere eine solche von 1,02 DM und schließlich 3 eine übertarifliche Zulage von 1,04 DM.[210] Die Gewährung unterschiedlicher Zulagen wurde seitens des Arbeitgebers damit begründet, daß die männlichen Arbeitnehmer einer besonderen Belastung durch Wechsel- und ständige Nachtschicht ausgesetzt seien; darüber hinaus würden von diesen bei den einzelnen Arbeitsgängen Aufsichtsfunktionen „insbesondere hinsichtlich der in der Filmentwicklung eingesetzten Maschinen ausgeübt" werden.[211] Die Zahlung von im Durchschnitt höheren Zulagen an die männlichen Arbeitnehmer sei daher sachlich gerechtfertigt und stelle keine auf dem Geschlecht beruhende unzulässige Diskriminierung der Klägerinnen dar.

Dieser Rechtsansicht trat der 5. Senat des BAG nicht bei; auch maß er — zu Recht — dem beklagtenseits vorgebrachten Argument keine Bedeutung zu, die vom Arbeitgeber gewählte Zulagenregelung entspreche nur einem in einer früheren Entscheidung des BAG zum Ausdruck gekommenen Grundsatz[212], es sei dem Arbeitgeber nicht verwehrt, für tatsächlich geleistete Nachtarbeit übertarifliche Zuschläge zu zahlen, weil mit dieser Arbeit besondere Erschwernisse verbunden seien, so daß darin kein Verstoß gegen den Gleichheitsgrundsatz liege, obgleich für Frauen durch § 19 AZO in mehrschichtigen Betrieben Nachtarbeit nach 23.00 Uhr verboten ist. Die Nichtanwendbarkeit dieser Grundsätze ergab sich im vorliegenden Falle daraus, daß nach § 3 Nr. 2 des einschlägigen Manteltarifvertrags Nachtarbeit in der Zeit von 20 - 6 Uhr stattfand, die während der Spätschicht vollbeschäftigten Klägerinnen aber von 18.30 - 3.15 Uhr arbeiteten und somit von 20.00 - 3.15 Uhr Nachtarbeit im Sinne des Tarifvertrags leisteten. Dieser Umstand ist es zugleich, der die Prä-

---

[210] Vgl. *Kaiser* (Hrsg.), Wir wollen gleiche Löhne (FN 71), S. 55.
[211] Begründung der Beklagtenvertreter, zitiert nach *Kaiser* (Hrsg.), Wir wollen gleiche Löhne (FN 71), S. 58.
[212] AP Nr. 39 zu § 242 BGB.

judizialität dieses Urteils für nachfolgende Verfahren erheblich beschränkt. Darüber hinaus ist zu beachten, daß die von der Beklagten als weiteren Grund für die Differenzierung angeführte höherwertige Tätigkeit der männlichen Arbeitnehmer aufgrund deren Arbeit an den Durchlaufmaschinen aus prozessualen Gründen vom BAG nicht mehr berücksichtigt wurde.[213] Auch nahm das BAG nicht mehr zu der Frage Stellung, ob auch andere Rechtsgrundlagen, etwa Art. 119 EWG-V, den Klageanspruch stützen konnten.

dd) Die Auslegung von Art. 119 EWG-V und der Ratsrichtlinien 75/117 und 76/207

Art. 119 EWG-V — in Verbindung mit den Ratsrichtlinien 75/117[214] und 76/207[215] — war demgegenüber Gegenstand zweier Entscheidungen des EuGH, die die Grundsätze des Urteils des EuGH vom 8. April 1976[216] nicht nur fortführten, sondern den durch Art. 119 EWG-V intendierten Schutz wesentlich erweiterten. Bereits im Urteil vom 8. April 1976 hatte der EuGH die unmittelbare Anwendung von Art. 119 EWG-V für Fälle unmittelbarer Diskriminierungen bejaht, „die sich aus Rechtsvorschriften oder Kollektivverträgen ergeben und die durch rein rechtliche Untersuchungen ermittelt werden können". Hierzu rechnete der EuGH auch den Fall ungleichen Entgelts für männliche und weibliche Arbeitnehmer bei gleicher Arbeit in einem oder demselben öffentlichen oder privaten Dienst oder Betrieb. Damit war klargestellt, daß sich auch die nationalen Rechtssubjekte bei Rechtsstreitigkeiten vor innerstaatlichen Gerichten auf Art. 119 EWG-V berufen können.[217] Dies ergebe sich auch daraus, daß der Rat in den Jahren 1975 und 1976 die Richtlinien 75/117 und 76/207 erlassen hätte, die die materielle Tragweite von Art. 119 EWG-V präzisieren und im wesentlichen der Verbesserung des Rechtsschutzes von Ar-

---

[213] NJW 1982, S. 461, 463.
[214] vom 10. 2. 1975, AB1EG 1975, L 45, S. 19.
[215] vom 9. 2. 1976, AB1EG 1976, L 39, S. 40.
[216] EuGHE 1976, 455 = NJW 1976, S. 2068; vgl. EuGHE 1980, 1275 = NJW 1980, S. 2014.
[217] Zum Verhältnis von EG-Recht und GG vgl. *Schweitzer*, Michael, Zur neueren Entwicklung des Verhältnisses von EG-Recht und bundesdeutschen Grundrechten, in: JA 1982, S. 174 ff.

4. Die Anwendung des Art. 3 Abs. 2 GG durch die Rechtsprechung

beitnehmern bei Verletzung ihrer Rechte durch Nichtanwendung des in Art. 119 EWG-V aufgestellten Grundsatzes des gleichen Entgelts dienen sollten.

Das auf Vorlagebeschluß des Britischen Court of Appeal ergangene Urteil vom 11. 3. 1981[218] bestätigte diese eben skizzierten Grundsätze hinsichtlich der unmittelbaren Anwendbarkeit von Art. 119 EWG-V und nahm zur Auslegung des Begriffs „Entgelt" Stellung, insbesondere zur Frage, ob Beiträge, die ein Arbeitgeber an ein Altersversorgungssystem zahlt, oder Ansprüche und Leistungen, die einem Arbeitnehmer aufgrund eines solchen Systems zustehen, dem Begriff des Entgelts unterfallen. Diese — etwa durch die Rechtsprechung des BAG für den deutschen Rechtsraum geklärte Frage — bejahte der EuGH selbst für den Fall, daß Beiträge der hier in Frage stehenden Art vom Arbeitgeber unmittelbar einbehalten werden, um sie für Rechnung des Arbeitnehmers an einen Rentenfonds zu überweisen.

Von weitaus größerer Bedeutung ist jedoch das Urteil des EuGH vom 31. 3. 1981[219], das die Frage eines Verstoßes gegen Art. 119 EWG-V durch unterschiedliche Stundenlöhne für Voll- und Teilzeitarbeitnehmer entschied. Besondere Beachtung verdient das Urteil deshalb, weil es sich hier um eine Differenzierung handelte, die vordergründig zumindest nicht an dem Merkmal der Geschlechtszugehörigkeit anknüpfte, sondern an dem objektiven Tätigkeitsmerkmal der Arbeitszeit. Die 35 männlichen Arbeitnehmer der Beklagten leisteten außer einem alle die volle Arbeitszeit (40 Stunden), von den weiblichen Arbeitnehmern leisteten hingegen 5 Teilzeitarbeit. Die Vollzeitarbeitnehmer waren in 6 Lohngruppen eingestuft; nach dem Inkrafttreten des Equal Pay Act 1970 legte die Klägerin für Männer und Frauen den gleichen Stundenlohnsatz für Vollzeitarbeit fest. Für die Teilzeitarbeit wurde jedoch ein um 10 % niedrigerer Satz festgelegt. Dieser Unterschied wurde mit der Notwendigkeit begründet, das Fernbleiben vom Arbeitsplatz zu verhindern[220], sicherzustellen,

---

[218] EuGH vom 11. 3. 1981, NJW 1981, S. 2637 f.
[219] NJW 1981, S. 2639 ff.; zur Frage, ob das Job-sharing ein geeignetes Instrument zur Gleichstellung der Frau ist, vgl. *Hörburger*, Hortense, Job-Sharing, Probleme und Möglichkeiten, Luxemburg 1985 (Kommission der Europäischen Gemeinschaften), Kap. 6.3., S. 94 ff.

daß der kostspielige Maschinenpark der Fabrik so intensiv wie möglich genutzt werde und einen Anreiz für eine höhere Produktivität zu geben.[221] Während der einzige männliche teilzeitbeschäftigte Arbeitnehmer (16 Std. pro Woche) in Lohngruppe 1 eingestuft wurde, erhielt eine weibliche Teilzeitangestellte (30 Std. pro Woche) ein Entgelt nach der Lohngruppe 2. Der Arbeitgeber hatte im Verfahren vor dem Industrial Tribunal anerkannt, daß die von der Klägerin verrichtete Arbeit (der Lohngruppe 2) mit jener des männlichen Teilzeitarbeitnehmers (der Lohngruppe 1) gleichwertig sei. In dieser so bedeutsamen Frage der Zulässigkeit verdeckt-geschlechtsspezifischer Differenzierung erkannte der EuGH darauf, daß die Gewährung ungleichen Teilzeitentgelts dann im Widerspruch zu Art. 119 EWG-V stehe, wenn sie „in Wirklichkeit nur ein indirektes Mittel dafür ist, das Lohnniveau der Teilzeitarbeitnehmer aus dem Grund zu senken, weil diese Arbeitnehmergruppe ausschließlich oder überwiegend aus weiblichen Personen besteht".[222] Damit folgte der Hof der Empfehlung der Kommission der Europäischen Gemeinschaft vom 28. 10. 1980 einerseits, den vom britischen Court of Appeal[223] und dem Supreme Court der Vereinigten Staaten[224] aufgestellten Grundsätzen andererー

---

[220] S. 3 der deutschen Übersetzung des Urteils vom 31. 3. 1981.

[221] Ebd.

[222] S. 24 der deutschen Übersetzung des Urteils v. 31. 3. 1981; das BAG hat sich der Argumentation des EuGH hinsichtlich der Frage der unterschiedlichen Altersversorgung bei Teilzeitarbeit angeschlossen und demzufolge im Urteil vom 6. 4. 1982 (3 AZR 134/79; vgl. NJW Heft 20/82, S. VI) eine Sache zur weiteren Sachverhaltsaufklärung an das LAG zurückverwiesen, da eine Versorgungsordnung, die teilzeitbeschäftigte Arbeitnehmer generell von Versorgungsleistungen ausschließe, dann gegen den Gleichbehandlungsgrundsatz verstoße, wenn nicht besondere Gründe vorliegen, die eine solche Unterscheidung sachgerecht erscheinen lassen. Im Urteil vom 9. 2. 1982 (NJW 1982, S. 1204 f.) hat der EuGH eine Diskriminierung von Frauen im Zusammenhang mit dem Eintritt in den Ruhestand darin gesehen, daß ein Arbeitgeber ohne gesetzliche oder vertragliche Verpflichtung nur männlichen ehemaligen Arbeitnehmern besondere Vergünstigungen im Reiseverkehr gewährte. Demgegenüber wurde die an das Geschlecht anknüpfende unterschiedliche Festsetzung eines Mindestrentenalters aus formalen Gründen — Art. 7 der Richtlinien 79/7 des Rates vom 19. 12. 1978 zur schrittweisen Verwirklichung des Grundsatzes der Gleichbehandlung von Männern und Frauen im Bereich der sozialen Sicherheit (AB1EG L 6, S. 24) — als nicht gegen Art. 119 EWG-V verstoßend erkannt (NJW 1982, S. 2726 f.).

[223] Vgl. Clay Cross (Quarry Services) / Fletcher 1979, JCR 1.

4. Die Anwendung des Art. 3 Abs. 2 GG durch die Rechtsprechung

seits, denen zufolge die Zahl der pro Woche geleisteten Arbeitsstunden und die Motive des Arbeitgebers sachfremde Umstände darstellen.

Der Rechtsprechung des EuGH kommt daher eine ähnlich bedeutungsvolle Funktion bei der praktischen Durchsetzung des Gebots aus Art. 119 EWG-V wie der Judikatur des BAG bei der Anwendung von Art. 3 Abs. 2 GG im deutschen Arbeitsrecht zu.

Dies wird nicht zuletzt aus den Urteilen vom 10. 4. 1984[225] und dem Urteil vom 21. 5. 1985[226] deutlich, in denen es um die Frage ging, ob § 611a Abs. 2 BGB, der bei Verstoß gegen das Diskriminierungsverbot und darauf beruhendem Nichtzustandekommen eines Arbeitsverhältnisses oder einer Aufstiegsmaßnahme den Schadensersatz auf das sogenannte „negative Interesse" beschränkt, mit Art. 3 und 6 der Richtlinie 76/207 EWG vereinbar sei bzw. die Bundesregierung gegen die Richtlinie 76/207 dadurch verstoßen habe, daß eine ausdrückliche Anwendung auf öffentlich-rechtliche Dienstverhältnisse sowie auf das Recht der freien Berufe nicht erfolgt, eine angemessene Umschreibung des Anwendungsbereichs der Ausnahmeregelungen im Sinne von Art. 2 Abs. 2 sowie eine ordnungsgemäße Umsetzung der Richtlinie 75/117 hinsichtlich der Besoldung im öffentlichen Dienst nicht vorgenommen worden sei und schließlich die Soll-Vorschrift des § 611b BGB hinsichtlich der Ausschreibung von Arbeitsplätzen der Richtlinie 76/207 nicht entspreche. Die vom EuGH in den Vorabentscheidungen nach Art. 177 EWG-V vertretene „mittlere Linie" ist dadurch gekennzeichnet, daß zwar einerseits ein sich aus der Richtlinie 76/207 ergebender Anstellungsanspruch als Sanktion für eine

---

[224] Vgl. Griggs / Duke Power & Co, 401 US 424 (1971).

[225] Rs 14/83 (von Colson, Kaman, gegen Land Nordrhein-Westfalen) aufgrund eines Vorlagebeschlusses des Arbeitsgerichts Hamm vom 6. 12. 1982 (4 Ca 1076/82) und Rs 79/83 (Harz gegen Deutsche Tradax GmbH), aufgrund eines Vorlagebeschlusses des Arbeitsgerichts Hamburg (8 Ca 124/81), beide veröffentlicht in: Deutscher Bundestag, Verwaltung, Hauptabteilung Wissenschaftliche Dienste (Hrsg.), Gleichbehandlung von Männern und Frauen am Arbeitsplatz (Materialien, Nr. 89), Bonn 1985, S. 10 ff. bzw. 45 ff.

[226] Rs 248/83 (Kommission der Europäischen Gemeinschaften gegen Bundesrepublik Deutschland), in: Deutscher Bundestag, Verwaltung, Hauptabteilung Wissenschaftliche Dienste (Hrsg.), Gleichbehandlung (FN 225), S. A 1 ff.

wegen des Geschlechts erfolgte Diskriminierung abgelehnt wird[227], daß aber andererseits § 611 a Abs. 2 BGB — sofern er den Schadenersatz auf das negative Interesse beschränkt[228] — gegen die Richtlinie 76/207 deshalb verstoße, weil die „zu gewährende Entschädigung in einem angemessenen Verhältnis zu dem erlittenen Schaden stehen und somit über einen rein symbolischen Schadensersatz wie etwa die bloße Erstattung der Bewerbungskosten hinausgehen"[229] müsse, damit Wirksamkeit und abschreckende Wirkung des mit dem Diskriminierungsverbot verfolgten Zwecks gewährleistet seien.

In dem nach Art. 169 Abs. 2 EWG-V seitens der Kommission gegen die Bundesrepublik Deutschland in Gang gesetzten Verfahren erkannte der EuGH dahin, daß die Bundesrepublik Deutschland dadurch gegen ihre Verpflichtung aus dem EWG-V verstoßen habe, daß sie Maßnahmen unterließ, die zur Durchführung des Art. 9 Abs. 2 der Richtlinie 76/207 zur Verwirklichung des Grundsatzes der Gleichbehandlung von Männern und Frauen hinsichtlich des Zugangs zur Beschäftigung, zur Berufsbildung und zum beruflichen Aufstieg sowie in bezug auf die Arbeitsbedingungen im Hinblick auf die gem. Art. 2 Abs. 2 vom Anwendungsbereich des Gleichbehandlungsgrundsatzes ausgeschlossenen beruflichen Tätigkeiten erforderlich sind.[230]

Die von der Fraktion der SPD am 15. 6. 1983[231] bzw. dem Land Hessen am 11. 5. 1983[232] eingebrachten Gesetzentwürfe stellen sich

---

[227] Rs 14/83, S. 37; Rs 79/83, S. 77.

[228] In beiden Verfahren vertrat die Bundesregierung die sicherlich unzutreffende Auffassung, § 611 a BGB habe den Anspruch auf Schadensersatz nicht auf das negative Interesse beschränkt und insbesondere die Anwendung allgemeiner Schadensersatzbestimmungen (§§ 249 ff. BGB) nicht ausgeschlossen (Rs 14/83, S. 28; Rs 79/83, S. 69). Demgegenüber bleibt festzuhalten, daß § 611 a Abs. 2 BGB einer Auslegung, die einen höheren Schadensersatz als den Vertrauensschaden ermöglicht, nicht zugänglich ist; diese Begrenzung gilt gleichzeitig für andere vertragliche, quasi-vertragliche und deliktische Ansprüche.

[229] Rs 14/83, S. 41 f.; Rs. 79/83, S. 78, 81.

[230] Rs 248/83, S. A 57.

[231] Drs. 10/156, abgedr. in: Deutscher Bundestag, Verwaltung, Hauptabteilung Wissenschaftliche Dienste (Hrsg.), Gleichbehandlung (FN 225), S. 120 ff.

[232] Drs. 225/84, abgedr. in: Deutscher Bundestag, Verwaltung, Hauptabteilung Wissenschaftliche Dienste (Hrsg.), Gleichbehandlung (FN 225),

4. Die Anwendung des Art. 3 Abs. 2 GG durch die Rechtsprechung

vornehmlich als Reaktion auf das letztgenannte Urteil dar, sie stimmen hinsichtlich der Änderung der — nicht praktikablen — Beweislastregelung des § 611a Abs. 1 Satz 3 BGB — Wegfall der Pflicht des diskriminierten Bewerbers zur Glaubhaftmachung der der Diskriminierung zugrundeliegenden Tatsachen —, der Statuierung einer „Abfindung" von 1 bis 12 Monatsverdiensten statt Ersatz des bloß negativen Interesses (§ 611a Abs. 2 BGB) und der gesetzlichen Verpflichtung des Arbeitgebers zur geschlechtsneutralen Ausschreibung eines Arbeitsplatzes (§ 611b BGB) überein; der von der Fraktion der SPD eingebrachte Gesetzentwurf erweitert demgegenüber § 611a Abs. 1 BGB um das Verbot der mittelbaren Benachteiligung, gestaltet den Aushang des Abdrucks der Antidiskriminierungsvorschriften als gesetzliche Pflicht des Arbeitgebers (bisher „soll" in Art. 2 EG AnpassungsG) und sieht für den Fall des Verstoßes gegen geschlechtsneutrale Ausschreibung und Verpflichtung zum Aushang der Antidiskriminierungsvorschriften Geldbußen von bis zu 10 000,— DM vor (§ 130a OWiG n. F.).

Durch die oben genannten Urteile sind zwei Fragenkomplexe wieder aktuell geworden, die die Diskussion bereits bei der Einführung des EG-Anpassungsgesetzes 1980 beherrschten:

— die Frage der verfassungsrechtlichen Zulässigkeit von Quotenregelungen und positiven Erfüllungsansprüchen in Fällen des Nichtzustandekommens des Arbeitsverhältnisses aufgrund geschlechtsspezifischer Diskriminierung (hierzu unter IV 4, 5);

— die Frage nach der Verhältnismäßigkeit straf- bzw. ordnungswidrigkeitenrechtlicher Sanktionierung von Verstößen gegen die Antidiskriminierungsvorschriften (hierzu unter IV 6).

Diesen Fragen soll sogleich unter Berücksichtigung des Verhältnisses von Privatautonomie und staatlichem Interventionismus einerseits (unter III 1, 2) und dem Spannungsverhältnis von Art. 3 Abs. 2 GG und möglichen betroffenen Grundrechtspositionen aus Art. 14, 12, 2 Abs. 1 GG andererseits (unter IV 1 - 3) nachgegangen werden.

S. 126 ff.; es handelt sich um den bereits als Bundesratsdrucksache 180/83 eingebrachten, in der 523. Sitzung des Bundesrats vom 10. 6. 1983 abgelehnten Antrag.

III. Dogmatische Verortung der von Gesetzgebung und Rechtsprechung entwickelten Grundsätze im Lichte der Schranken legislativer Tätigkeit

1. Das Verhältnis von Privatautonomie, Art. 3 Abs. 2 GG und staatlichem Interventionismus

Ausgehend von dem durch das Urteil des Bundesverfassungsgerichts vom 18. 12. 1953[233] statuierten Grundsatz, Art. 3 Abs. 2 GG sei auf allen Gebieten des deutschen Rechts unmittelbar vollziehbare Rechtsnorm, schuf der einfache Gesetzgeber durch die soeben skizzierten Reformen auf den Gebieten des Ehe- und Familienrechts die Voraussetzungen zur Verwirklichung des Rechtsgedankens des Art. 3 Abs. 2 GG. Die Beseitigung des alleinigen Entscheidungsrechts des Mannes in allen ehelichen Angelegenheiten nach § 1354 a. F. durch die Verpflichtung gemeinsamer Beratung und Entschließung der Ehegatten, die Deklarierung der Haushaltsführung als Recht, nicht jedoch als Pflicht der Ehefrau (§ 1356 iVm § 1356 Abs. 1 Satz 2 n. F. BGB), die Ausdehnung der Mitarbeitspflicht der Ehefrau auf beide Ehegatten (§ 1356 Abs. 2 n. F. BGB), die Ersetzung des Güterstands der ehemännlichen Verwaltung und Nutznießung durch die Zugewinngemeinschaft (§ 1363 Abs. 1 n. F. BGB) — diese Neuregelungen standen für das in § 1357 n. F. BGB explicite zum Ausdruck kommende Prinzip der gleichberechtigten Repräsentanz der im Rechtsinstitut der Ehe verbundenen Rechtssubjekte.

Während etwa die Vorschriften des Gleichberechtigungsgesetzes über die Beibehaltung der vor dem 1. 7. 1958 bzw. 1. 4. 1953 bestehenden Güterstände sowie die Möglichkeit der Fortführung der sog. „Hausfrauen-Ehe" sowohl dem Rechtsgedanken von Art. 3 Abs. 2 GG als auch dem Grundsatz der Privatautonomie bzw. der vertraglichen Dispositionsfreiheit der Ehepartner Rechnung trugen und damit

---

[233] BVerfGE 3, 225.

charakteristisch sind für die Einlösung der — unter der Herrschaft des Grundgesetzes allerdings anachronistisch anmutenden — Forderung, „daß der Gesetzgeber im Privatrechtsbereich äußerst behutsam und zurückhaltend mit der Verwirklichung von Grundrechten umzugehen hat"[234], zeigt indessen die Entwicklung des elterlichen Vertretungsrechts, daß das Bundesverfassungsgericht diese „Zurückhaltung" in konsequenter und richtiger Anwendung von Art. 3 Abs. 2 GG nicht honorierte und beispielsweise den — die „Entwicklung seit Jahrhunderten" widerspiegelnden — Letztentscheid des Vaters in § 1628 Abs. 1 BGB a. F. beseitigte.[235]

Ist nicht zu verkennen, daß die in Vollzug dieses Judikats ergangene Neufassung des § 1628 Abs. 1 a. F. durch § 1629 Abs. 1 Satz 2 BGB n. F. der Privatautonomie der Eltern keinen Raum mehr ließ, so kann kein Zweifel daran bestehen, daß das Gleichbehandlungsgesetz von 1980 — die §§ 611 a, 612 Abs. 3, 612 a BGB — in Umsetzung der vom Bundesarbeitsgericht entwickelten Rechtsprechung die Dispositionsbefugnis bei der Begründung und Gestaltung von Arbeitsverhältnissen mit zwingender Kraft erheblich beschränkt.[236] Ein gleiches gilt für die mit der Wirkung des § 31 BVerfGG ausgestattete Judikatur des Bundesverfassungsgerichts in den Bereichen des Sozial- und Rentenversicherungsrechts, wenn auch hier — etwa bei den Entscheidungen zu § 43 AVG und § 43 BVersG[237] — unverkennbar auf den statistischen rechtstatsächlichen „Normalfall" abgehoben wird.

2. Die Zulässigkeit gesellschaftsreformerischer Maßnahmen

Das der renten- und sozialversicherungsrechtlichen Judikatur des Bundesverfassungsgerichts zugrunde liegende Verfahren ist das der Berücksichtigung des sozialstatistischen Befunds: BVerfGE 17, 1; 38, 86 gingen übereinstimmend davon aus, daß trotz der gewandelten sozialen Verhältnisse „... die Zahl der infolge der Typisierung bevorzugten Frauen ... angesichts der bei Bevorzugungen weit ge-

---

[234] *Schmitt Glaeser* (FN 1), DÖV 1982, S. 381, 383.
[235] NJW 1959, S. 1483.
[236] Vgl. *Palandt*, 44. Aufl. 1985, § 611 a, Rz. 1 c.
[237] Vgl. S. 26 ff.

III. Schranken legislativer Tätigkeit

spannten Gestaltungsfreiheit des Gesetzgebers (zwar) hingenommen"[238] werden könne, andererseits angesichts des „bestimmten Trends der Entwicklung" eine Benachteiligung einer bestimmten Gruppe von Frauen nicht von der Hand zu weisen sei. Ein Verstoß der überprüften Normen von AVG, BVersG und RVO gegen Art. 3 Abs. 2 GG wurde ausdrücklich mit der Begründung verneint, die statistisch-marginale Relevanz lasse *gegenwärtig* eine andere Entscheidung nicht zu.

Ließ sich diese Argumentation einer Anbindung der verfassungsrechtlichen Subsumtion an den sozialstatistischen Befund noch im Sinne der vorerwähnten Zurückhaltung bei der Durchsetzung von Grundrechten im Privatbereich interpretieren, so macht die Entscheidung des Bundesverfassungsgerichts vom 16. 6. 1981[239] deutlich, daß der sozio-ökonomische Befund nicht mehr als entscheidungserheblich angesehen wird. Wie anders könnte eine Aussage verstanden werden, der Ansicht, es sei nicht Aufgabe des Gesetzgebers, die vorgefundene soziale Wirklichkeit in der Rentenversicherung nachträglich zu korrigieren[240], könne nicht gefolgt werden.

Damit ist das Prinzip des staatlichen Interventionismus im Sinne einer Korrektur der sozialen Wirklichkeit — wenngleich zunächst nur für den Bereich des Rentenversicherungsrechts — als für die Grundrechtsverwirklichung zulässig anerkannt.[241]

---

[238] BVerfGE 17, 1, 25.
[239] BVerfGE 57, 335 = NJW 1981, S. 2177.
[240] BVerfG, NJW 1981, S. 2177, 2178.
[241] *Bull*, Hans-Peter, Die Staatsaufgaben nach dem Grundgesetz, 2. Aufl., Kronberg 1977, S. 177 f.

IV. Kontrahierungszwang und Quotenregelung als Konkretionen von positiver Wirkungsrichtung 1 und 2

Vor diesem Hintergrund ist demnach die Frage zu diskutieren, ob zum einen „gesellschaftsreformerische" Maßnahmen zur Durchsetzung des Gleichberechtigungsgebots an sich und angesichts des Gebots der praktischen Konkordanz der Grundrechtsnormen[242] untereinander, zum anderen die Bewehrung von Grundrechtsverstößen privater Rechtssubjekte durch Straf- oder Ordnungswidrigkeitentatbestände zulässig sind.

Dabei greift die in der gegenwärtigen Auseinandersetzung behandelte Fragestellung, ob etwa ein generelles Diskriminierungsverbot dem Prinzip der Vertragsfreiheit oder aber Straf- bzw. Bußgeldvorschriften dem jedem staatlichen Handeln immanenten Verhältnismäßigkeitsgebot zuwiderlaufen[243], sicherlich zu kurz, wie weiter unten zu zeigen sein wird.

Die — freilich banale — Erkenntnis, der einfache Gesetzgeber könne das differenzierte System der Grundrechte nicht nivellieren[244],

---

[242] *Hesse*, Konrad, Grundzüge des Verfassungsrechts der Bundesrepublik Deutschland, 14. Aufl., Heidelberg/Karlsruhe 1984, S. 134.

[243] *Schmitt Glaeser* (FN 1), DÖV 1982, S. 381, 383 f.

[244] *Schmitt Glaeser* (FN 1), DÖV 1982, S. 381, 384; vgl. aber *dens.*, Abbau des tatsächlichen Gleichberechtigungsdefizits der Frauen durch gesetzliche Quotenregelungen (= Schriftenreihe des Bundesministeriums des Innern, Bd. 16), Stuttgart/Berlin/Köln/Mainz 1982, hinsichtlich der Zulässigkeit sogenannter imperativer Quotenregelungen im Sinne ergänzender Auslegung von Art. 33 Abs. 5 GG bezüglich des Zugangs zu öffentlichen Ämtern (a.a.O., S. 44, 71), in öffentlich-rechtlichen Ausbildungsverhältnissen (S. 48 f.), bei der Besetzung öffentlich-rechtlicher Entscheidungsgremien, wie Rundfunkrat (S. 49, 71), bei privat-rechtlichen Ausbildungsverhältnissen (S. 64, 72), der Repräsentation in betrieblichen Entscheidungsgremien (S. 66, 73) sowie hinsichtlich der Zulässigkeit sogenannter influenzierender Quotierungen im Bereich der Kandidatenaufstellung politischer Parteien (S. 41 f., 71) sowie bei der Begründung privat-rechtlicher Arbeitsverhältnisse (S. 61, 72). Nichtsdestotrotz verneint *Schmitt Glaeser* (a.a.O., S. 31, 70) einen Gesetzgebungsauftrag im Sinne der dieser Untersuchung zugrunde gelegten positiven Wirkungsrichtung 2.

führt nach *Schmitt Glaeser* zur Unzulässigkeit sowohl genereller wie auch partieller (bereichsbeschränkter) Generalklauseln, wie etwa der §§ 611a, 611b, 612 Abs. 3 BGB: Diese ließen zwangsläufig andere Grundrechte (Art. 6 Abs. 2, 3; Art. 2 Abs. 1; Art. 9 Abs. 1, 3; Art. 12, Art. 14 Abs. 1 GG) generell unberücksichtigt.

Wenngleich mit solchen Sätzen wenig gewonnen ist, soll doch der Versuch gemacht werden, Vorstellungen über den Gang einer Argumentation zu gewinnen, an deren Ende die obige Behauptung als Schlußsatz stehen könnte.

Der Vorwurf, andere Grundrechte unberücksichtigt zu lassen, kann nichts anderes bedeuten als das Gebot praktischer Konkordanz mißachtet zu haben. Dieses besteht ausgehend vom Prinzip der Einheit der Verfassung[245], in einer Zuordnung verfassungsrechtlich geschützter Rechtsgüter in der Weise, daß im Kollisionsfalle die beiderseitigen Grenzziehungen die optimale Wirksamkeit betroffener Grundrechtspositionen herstellen.[246] Praktische Konkordanz ist mithin gefordert zum einen bei der Überschneidung bzw. der Kollision verschiedener Rechtsgüter bzgl. ihrer sachlichen Reichweite, zum anderen bei der sachlichen Begrenzung eines Grundrechts aufgrund eines Gesetzesvorbehalts. Dem entspricht das Diktum des Bundesverfassungsgerichts, daß die Ermächtigung des einfachen Gesetzgebers zur Begrenzung von Grundrechten selbst in Fällen des einfachen Gesetzesvorbehalts niemals von der Gewährleistung des Grundrechts selbst gelöst werden dürfe, vielmehr stets „im Lichte der Bedeutung des Grundrechts" gesehen werden müsse, so daß der Vorbehalt keine Blanko-Vollmacht zu beliebiger Einschränkung darstellt.[247]

1. Die §§ 611 a ff. im Lichte von Art. 12, 14 GG

Hinsichtlich der §§ 611a, 611b, 612 Abs. 3 BGB als bereichsbeschränkter, d. h. partieller Generalklauseln kommt indes zunächst nur ein Verstoß gegen die Grundrechte aus Art. 12 Abs. 1 und 14 Abs. 1 GG in Frage; Art. 2 Abs. 1 scheidet nach richtiger Auffassung

---

[245] Hierzu *Hesse*, Verfassungsrecht (FN 242), S. 28.
[246] Hierzu *Hesse*, Verfassungsrecht (FN 242), S. 28 und 134.
[247] Vgl. *Hesse*, Verfassungsrecht (FN 242), S. 135, FN 13.

aus, da dieser zwar „als Schutz eines Mindestmaßes menschlicher Handlungsfreiheit, ohne das der Mensch seine Wesenslage als geistig-sittliche Person überhaupt nicht entfalten kann", Wirksamkeit auch auf wirtschaftlichem Gebiet, d. h. zum Schutze der sog. „Unternehmerfreiheit" entfaltet[248], es aber andererseits anerkannten Rechts ist, daß deren Konkretionen, wie individuelle[249] bzw. kollektive Vertragsfreiheit[250] und das Recht der freien Berufsaufnahme (auf Seiten der Arbeitnehmer) in „richtiger Subsumtion des betreffenden ökonomischen Lebensvorgangs und Lebensbereichs unter eines der Freiheitsrechte", hier des Art. 12 Abs. 1 GG, gezogen werden kann, Art. 2 GG mithin erst dann als „Hauptfreiheitsrecht" im Sinne eines Auffangtatbestandes selbständige Bedeutung erlangt, wenn die extensive Interpretation der „Spezialfreiheitsrechte" thematisch versagt. Freilich bleibt Art. 2 Abs. 1 GG insoweit von Belang, als sich nach herrschender Meinung aus dem unmittelbaren Verfassungsvorbehalt[251] Erkenntnisse für die Schrankensystematik aller Grundrechte dergestalt gewinnen läßt[252], daß der Gesetzesvorbehalt des Art. 2 Abs. 1, 2. HS GG als objektiv-rechtliche Auslegungsregel zur Interpretation der allen Grundrechten immanenten Schranken zu dienen hat.[253]

Wenn somit individuelle bzw. kollektive Vertragsfreiheit als Komponenten der Privatautonomie den Regelungsbereich von Art. 12 Abs. 1 GG bzw. 9 Abs. 1 GG, die koalitionsrechtliche Vertragsfreiheit hingegen Art. 9 Abs. 3 GG zugeordnet werden können, ist die Grundrechtskonformität der §§ 611 a ff. BGB anhand dieser Normen unter Beachtung der bereits erarbeiteten Bedeutung von Art. 3 Abs. 2 GG und des im Kollisionsfalle anzuwendenden Gebots praktischer Konkordanz zu überprüfen.

---

[248] *Maunz / Dürig / Herzog / Scholz*, Art. 2, Rz. 11 m. w. N. sowie Art. 2, Anm. 43 und 46; vgl. BVerfGE 4, 15: „Unternehmerpersönlichkeit".

[249] Hierzu *Maunz / Dürig / Herzog / Scholz*, Art. 2, Rz. 53.

[250] Zur gesellschaftsrechtlichen (Art. 9 Abs. 1 GG) und koalitionsrechtlichen Vertrags- (Tarif-)Freiheit vgl. BVerfGE 4, 96, 108.

[251] *Maunz / Dürig / Herzog / Scholz*, Art. 2, Rz. 12.

[252] *Maunz / Dürig / Herzog / Scholz*, Art. 2, Rz. 69; vgl. BVerfGE 2, 295, 300, wo sich zum ersten Mal der Begriff der „immanenten Schranken" findet sowie w. N. bei *Maunz / Dürig / Herzog / Scholz*, Art. 2, Rz. 70, FN 2.

[253] *Maunz / Dürig / Herzog / Scholz*, Art. 2, Rz. 72.

2. Die Grundrechtspositionen aus Art. 12 und 14 GG: Dispositionsrecht, Einstellungs- und Auswahlermessen des Arbeitgebers / Gewährleistung des eingerichteten und ausgeübten Gewerbebetriebes

Das durch Art. 12 Abs. 1 GG geschützte prinzipielle Dispositionsrecht des Arbeitgebers über die Arbeitsplätze in seinem Unternehmen[254] bzw. das Einstellungs- und Auswahlermessen bzgl. künftiger Arbeitnehmer[255] unterfällt darüber hinaus auch der Gewährleistung des eingerichteten und ausgeübten Gewerbebetriebs als Eigentumssubstrat des Art. 14 Abs. 1 GG[256]; Art. 12 Abs. 1 und 14 Abs. 1 GG sind für diesen Fall also nebeneinander zu prüfen (Ideal-, nicht Gesetzeskonkurrenz[257]).

Eine solche Prüfung hat von vorneherein zu bedenken, daß sowohl Art. 12 Abs. 1 GG wie auch Art. 14 Abs. 1 GG einem allgemeinen Gesetzes- und Regelungsvorbehalt unterliegen[258]; der Gesetzesvorbehalt des Art. 12 Abs. 1 GG repräsentiert in dem Maße einen einheitlichen Schrankenvorbehalt für die gesamte Berufsfreiheit, wie die die Individualgarantie des Art. 14 Abs. 1 GG begrenzende Sozialbindung des Art. 14 Abs. 2 GG eine generalklauselartige Beschränkung des Rechts aus Art. 14 Abs. 1 GG darstellt.[259] Dabei verstehen sich beide Gesetzesvorbehalte zugleich als Regelungsvorbehalte[260]; dies erhellt, daß die Ermächtigung des Art. 12 Abs. 1 Satz 2 GG zu „Regelungen" die Anwendung der Art. 19 Abs. 2 bzw. 1 Abs. 2 GG ausschließt, da

---

[254] Vgl. hierzu die Nachweise in: *Maunz / Dürig / Herzog / Scholz*, Art. 12, Rz. 50, FN 3.

[255] Vgl. hierzu *Maunz / Dürig / Herzog / Scholz*, Art. 12, Rz. 55.

[256] Vgl. *Maunz / Dürig / Herzog / Scholz*, Art. 12, Rz. 50 sowie *Löwisch*, Manfred / *Meier-Rudolph*, Wolfgang, Das Recht des eingerichteten und ausgeübten Gewerbebetriebs in der Rechtsprechung des BGH und des BAG, JuS 1982, S. 237 ff.

[257] Vgl. *Maunz / Dürig / Herzog / Scholz*, Art. 14, Rz. 20; als Spezialnorm schließt Art. 14 Abs. 1 GG auch hier die Anwendung von Art. 2 Abs. 1 GG aus (BVerfGE 6, 32; 13, 289, 296; 19, 225).

[258] Vgl. *Maunz / Dürig / Herzog / Scholz*, Art. 12, Rz. 10, 15; Art. 14, Rz. 31, 47.

[259] *Maunz / Dürig / Herzog / Scholz*, Art. 14, Rz. 31.

[260] So für Art. 12 Abs. 1 Satz 2 GG ausdrücklich *Maunz / Dürig / Herzog / Scholz*, Art. 12, Rz. 296.

solche gesetzlichen Regelungen nicht „Einschränkungen" im Sinne des Art. 19 Abs. 1 GG sind, sondern inhaltliche Ausgestaltungen bzw. Konkretisierungen[261] — ein gleiches gilt für die Sozialbindung, die bedeutet, „daß sich der Eigentümer ohne Entschädigung die Beschränkungen gefallen lassen muß, die in einem demokratischen Rechtsstaat üblich, adäquat und zumutbar sind".[262] Von daher versteht sich dogmatisch der Satz, eine verfassungsrechtlich zulässige Berufsausübungsregelung stelle in der Regel auch eine verfassungsrechtlich zulässige Eigentumsbindung dar.[263]

3. Die §§ 611 a ff. BGB als Regelungen auf der Ebene der Berufsausübung: Zweistufentheorie und Grundsatz der Verhältnismäßigkeit

Die §§ 611 a ff. BGB sind Regelungen des Gesetzgebers auf der Ebene der Berufsausübung; sie konkretisieren die arbeitsrechtliche Privatautonomie des Arbeitgebers — das Einstellungsermessen. Nach herrschender Meinung ist Art. 12 Abs. 1 GG ein „Gleichheitsrecht auf Arbeit" prinzipiell fremd; insbesondere lasse sich der aus Art. 33 Abs. 2 GG ergebende Anspruch auf Gleichbehandlung bei der Einstellung in den Öffentlichen Dienst auf private Arbeits- und Beschäftigungsverhältnisse nicht übertragen; allenfalls komme zur gerechteren Arbeitsplatzverteilung eine Einschränkung des Einstellungs- und Auswahlermessens durch ein Diskriminierungsverbot oder eine gesetzliche Monopolkontrolle in Frage, die ihre Rechtfertigung im Sozialstaatsprinzip fänden.[264] Folgerichtig wird daher die Verfassungskonformität von § 611a Abs. 1 Satz 1 BGB mit dem „Zusammenhang von Sozialstaatsprinzip und Gleichberechtigungsgrundsatz gem. Art. 3 Abs. 2 GG" begründet, wenngleich auf der anderen Seite die Beweislastregelung des § 611a Abs. 1 Satz 3 BGB „problematisch" und „fraglich" erscheint.[265]

---

[261] *Maunz / Dürig / Herzog / Scholz*, Art. 12, Rz. 301.
[262] *Maunz / Dürig / Herzog / Scholz*, Art. 14, Rz. 46, 47.
[263] *Maunz / Dürig / Herzog / Scholz*, Art. 12, Rz. 142.
[264] *Maunz / Dürig / Herzog / Scholz*, Art. 12, Rz. 55 - 57.
[265] *Maunz / Dürig / Herzog / Scholz*, Art. 12, Rz. 57.

IV. Kontrahierungszwang und Quotenregelung

Die durch § 611a Abs. 1 Satz 1 BGB normierte Beschränkung des Rechts des Arbeitgebers, über einen zu besetzenden Arbeitsplatz nach geschlechtsspezifischen Rücksichten zu entscheiden, ist nach der vom Bundesverfassungsgericht im sog. Apotheken-Urteil vom 11. 6. 1958[266] entwickelten Stufentheorie dann ein verfassungsrechtlich zulässiger gesetzlicher Regelungsvorbehalt im Sinne von Art. 12 Abs. 1 Satz 2 GG, wenn sie durch vernünftige Gründe des Gemeinwohls gerechtfertigt erscheint, als Mittel zur Erreichung des verfolgten Zwecks geeignet und erforderlich und die Beschränkung der Betroffenen zumutbar ist.[267] Diese Auslegung des Regelungsvorbehalts nach Art. 12 Abs. 1 Satz 2 GG ist somit das Ergebnis strikter Anwendung des Grundsatzes der Verhältnismäßigkeit.[268]

Das Verfassungsrang genießende Prinzip der Verhältnismäßigkeit umfaßt — folgen wir etwa der Entwicklung durch *Grabitz*[269] — die Stufen der Geeignetheit, Erforderlichkeit und Proportionalität. Geeignet ist demnach ein Mittel, wenn es der — auch nur teilweise — Förderung des gewünschten Erfolgs kraft einer Beurteilung ex ante dient[270]: der Gesetzgeber muß also dem Eingriff in das Grundrecht des Art. 12 Abs. 1 GG mit sachgerechten und vernünftigen Erwägungen des Gemeinwohls begründen können, er darf seine Rechtssetzungsmacht nicht zu sachfremden Zwecken mißbrauchen.[271] Die Durchsetzung des verfassungsrechtlichen Diskriminierungsverbots im Arbeitsrecht ist eine solche sachgerechte und vernünftige Erwägung des Gemeinwohls.

Das vom Gesetzgeber gewählte Instrumentarium der §§ 611a ff. BGB ist auch ein geeignetes Mittel, den erstrebten Zweck für das allgemeine Wohl zu erreichen.

---

[266] BVerfGE 7, 317 ff.; vgl. *Maunz / Dürig / Herzog / Scholz*, Art. 12, Rz. 318 ff.; *Münch*, Ingo von, Grundgesetzkommentar, Band 1, Präambel bis Art. 20, 3. Aufl. München 1985, Art. 12, Rz. 41 ff.
[267] BVerfGE 46, 120, 145; 54, 224; NJW 1981, S. 2107, 2108.
[268] BVerfGE 25, 1, 12 m. w. N.
[269] *Grabitz*, Eberhard, Der Grundsatz der Verhältnismäßigkeit in der Rechtsprechung des Bundesverfassungsgerichts, AöR 98 (1973), S. 568, 583 ff.
[270] *Grabitz*, Verhältnismäßigkeit (FN 269), S. 571 m. w. N.
[271] *von Münch*, Grundgesetzkommentar (FN 266), Art. 12, Rz. 44.

3. Die §§ 611 a ff. BGB als Berufsausübungsregelungen

Unter mehreren geeigneten Mitteln bzw. Maßnahmen darf der Gesetzgeber aber nur dasjenige auswählen, das auch erforderlich ist, d. h. wenn nicht ein anderes, gleich wirksames, aber das Grundrecht nicht oder doch weniger fühlbar einschränkendes Mittel hätte gewählt werden können.[272] Nicht ausreichend ist also, wenn irgend ein vernünftiger Grund für eine gesetzliche Maßnahme gegeben ist.[273] Das Gebot, alternativ geeignete Mittel darauf zu überprüfen, welches von ihnen größere Grundrechtsverträglichkeit aufweist, steht allerdings unter der Einschränkung, daß sich die gerichtliche Überprüfung nur dann über Wertungen und Erwägungen des Gesetzgebers hinwegsetzen kann, wenn diese eindeutig widerlegbar und offensichtlich fehlsam sind oder aber der Wertordnung des Grundgesetzes widersprechen.[274] Betrachtet man die §§ 611a Abs. 1 Satz 1 und 612 Abs. 3 Satz 1 BGB unter diesem Aspekt, so ist die unter Punkt II 4c abgehandelte Problematik hinreichend für die Aussage, angesichts der nach über 30jähriger Herrschaft des Grundgesetzes beobachtbaren Diskriminierung der Frau bei der Begründung und Ausgestaltung von Arbeitsverhältnissen seien andere, das Grundrecht der Berufsausübung weniger tangierende Maßnahmen nicht ersichtlich.

Regelungen im Sinne des Art. 12 Abs. 1 Satz 2 GG müssen darüber hinaus jedoch verhältnismäßig im engeren Sinne sein, d. h. die Beeinträchtigung, die der Arbeitgeber in seiner Berufsausübungsfreiheit erfährt, und die Förderung der Gemeinwohlinteressen müssen in einem angemessenen Verhältnis stehen (Proportionalität, Zumutbarkeit[275]). Im Rahmen der ex negativo vorzunehmenden Proportionalitätsprüfung erfolgt der Vergleich der Zweck-Mittel-Relation nach dem Grundsatz, daß die Gemeinwohlinteressen um so bedeutsamer sein müssen, je stärker die Berufsangehörigen in ihrer Berufsausübung beeinträchtigt werden.[276]

---

[272] BVerfGE 25, 1, 17; 30, 292, 316; 33, 171, 187; vgl. hierzu *Grabitz*, Verhältnismäßigkeit (FN 269), S. 573 ff.; *Münch*, Ingo von, Grundgesetzkommentar (FN 266), Art. 12, Rz. 44.

[273] BVerfGE 24, 367, 405; vgl. E 25, 1, 17; 30, 292, 316.

[274] BVerfGE 24, 367, 406.

[275] *Grabitz*, Verhältnismäßigkeit (FN 269), S. 575.

[276] BVerfGE 32, 1, 34 m. w. N.; *Grabitz*, Verhältnismäßigkeit (FN 269), S. 581.

IV. Kontrahierungszwang und Quotenregelung

Der jeweils anzuwendende Maßstab reicht von einer bloßen Evidenzkontrolle über die Prüfung der Vertretbarkeit bis zu einer weitgehenden inhaltlichen Kontrolle.[277] Eine Prüfung der vom Bundesverfassungsgericht unter dem Aspekt der Verfassungswidrigkeit nach Art. 12 Abs. 1 Satz 2 GG ergangenen Judikate ergibt allerdings keine brauchbaren dogmatischen Maßstäbe, nach welchen Kriterien das Bundesverfassungsgericht welchen Maßstab anwendet. Festzuhalten bleibt jedoch, daß vor allem bei wirtschaftspolitischen und wirtschaftslenkenden Maßnahmen das Bundesverfassungsgericht sich auf die Prüfung beschränkt, ob sich der Gesetzgeber an einer „sachgerechten und vertretbaren Beurteilung des erreichbaren Materials" orientiert hat (Vertretbarkeitskontrolle[278]). Der Maßstab der Vertretbarkeit fordert, daß der Gesetzgeber die ihm zugänglichen Erkenntnisquellen ausgeschöpft hat, um die voraussichtlichen Auswirkungen der streitgegenständlichen Regelung so zuverlässig wie möglich abschätzen zu können. Statistisches Material darüber, wie groß die Anzahl der aufgrund ihres Geschlechts bei der Begründung und Ausgestaltung von Arbeitsverhältnissen diskriminierten Personen, insbesondere weiblichen Geschlechts, ist, lag dem Gesetzgeber vor Erlaß des arbeitsrechtlichen EG-Anpassungsgesetzes offensichtlich nicht vor. Dies ist aus begreiflichen Gründen insoweit verständlich, als offizielle Statistiken über das Nichtzustandekommen von Arbeitsverträgen oder über die Blockierung beruflichen Aufstiegs infolge geschlechtlicher Diskriminierung nicht existieren. In dieser Situation ist es jedoch vertretbar, eine nicht unerhebliche numerische Relevanz zu vermuten, die eine Regelung im Sinne der §§ 611a Abs. 1 Satz 1, 612 Abs. 3 Satz 1 BGB erforderlich macht. Es verbleibt, darauf zu verweisen, daß einer solchen gesetzgeberischen Prognose verfassungsgerichtlicherseits selbst dann nicht entgegengetreten werden kann, wenn diese — wie dies beispielsweise bei der Pflichtplatzquote des Schwerbehindertengesetzes der Fall war — um etwa die Hälfte hinter der tatsächlichen statistischen Entwicklung zurückbleibt.[279]

---

[277] Vgl. *Münch*, Ingo von, Grundgesetz Kommentar (FN 266), Art. 12, Rz. 44 a; BVerfGE 50, 290, 332 f.

[278] So im Mitbestimmungs-Urteil, BVerfG, NJW 1979, S. 699, 701 und zuletzt im Urteil über die im Schwerbehindertengesetz festgelegte Pflichtplatzquote, NJW 1981, S. 2107, 2108.

[279] BVerfG, NJW 1981, S. 2107, 2109.

3. Die §§ 611 a ff. BGB als Berufsausübungsregelungen

Damit halten die Regelungen der §§ 611a Abs. 1 Satz 1, 612 Abs. 3 Satz 1 BGB den Grundsätzen der Geeignetheit, Erforderlichkeit und Proportionalität stand.

Die §§ 611a Abs. 1 Satz 1, 612 Abs. 3 Satz 1 BGB tragen damit in Erfüllung des gesetzlichen Regelungsvorbehalts des Art. 12 Abs. 1 Satz 2 GG der Notwendigkeit einer Transformation der Grundrechte ins Privatrecht Rechnung[280]; zu dieser Transformation ist der einfache Gesetzgeber nicht nur befugt, sondern wegen der Art. 3 Abs. 2 GG immanenten positiven Wirkungsrichtung 2[281] nachgerade verpflichtet, so daß der Satz, „das Grundgesetz (garantiere) insgesamt die Privatautonomie der Bürger und der Bürgergruppen um ihrer Selbstverantwortung willen prinzipiell und (spreche) damit gleichsam eine verfassungsrechtliche Vermutung gegen gesetzliche Regelungen ... (aus), die in ihrer inhaltlichen Wirkung einer unmittelbaren Grundrechtsbindung im Privatrecht gleichkommt"[282], eine grobe Verkennung von Rechtsprechung und Lehre seit dem Gleichberechtigungsgesetz darstellt.

Wenn Art. 3 Abs. 2 GG ein absolutes, kategorisches, im interpersonalen Bezug wirksames Diskriminierungsverbot statuiert, so bedarf es aber gleichzeitig auf dieser Stufe nicht des „Zusammenhangs von Sozialstaatsprinzip und Gleichberechtigungsgrundsatz gem. Art. 3 Abs. 2 GG".[283]

---

[280] Vgl. Pkt. II 1 dieser Arbeit.
[281] Vgl. Pkt. I 2 dieser Arbeit.
[282] *Schmitt Glaeser* (FN 1), DÖV 1982, S. 381, 383. Die Feststellung *Schmitt Glaesers*, „ein Gesetzgebungsgebot aus den Grundrechten und speziell aus Art. 3 Abs. 2, 3 GG läßt sich allgemein nicht begründen" (Abbau des tatsächlichen Gleichberechtigungsdefizits, [FN 244], S. 31), differenziert nicht zwischen der grundsätzlich verschiedenen dogmatischen Stoßrichtung von Art. 3 Abs. 2 und Art. 3 Abs. 3 GG; im übrigen liegt dieser These das — keineswegs schon ausdiskutierte — Theorem zugrunde, eine „allgemeine Umdeutung von Freiheitsrechten in Teilhaberechte" verbiete sich und „(derivative) Teilhaberechte" könne es nur in bestehenden Leistungsverhältnissen geben.
[283] Vgl. FN 282.

4. Die Verhältnismäßigkeit von Schadensersatz- bzw. Erfüllungsanspruch im Rahmen des Regelungsvorbehalts aus Art. 12, 14 GG

Dies gilt freilich nicht bei der Antwort auf die Frage, ob eine den Schrankenvorbehalt des Art. 12 Abs. 1 Satz 2 GG recht verstehende Dispositionsfreiheit des Arbeitgebers sich über ein unmittelbar inter personas und ad personam wirkendes Diskriminierungsverbot mit einem zivilrechtlich verankerten Schadensersatz- oder aber Erfüllungsanspruch verträgt.

Das EG-Anpassungsgesetz vom 30. 8. 1980 hat im Rahmen des § 611a einen Schadensersatzanspruch, hinsichtlich der Vergütung nach § 612 Abs. 3 Satz 1 BGB einen echten Erfüllungsanspruch normiert. Diese Regelungen sind sachgemäß, sie schöpfen aber den für die Konkretisierung des Regelungsvorbehalts nach Art. 12 Abs. 1 durch das Gebot des „verhältnismäßigen Ausgleichs zwischen Art. 3 einerseits und Art. 12 andererseits"[284] gekennzeichneten, dem einfachen Gesetzgeber zur Verfügung stehenden Gestaltungsrahmen nicht einmal voll aus.

Kann mit der herrschenden Meinung in sozialstaatlicher Ausformung des Art. 12 GG zugunsten eines sich um einen Arbeitsplatz bewerbenden Arbeitnehmers ein Anspruch gegen den potentiellen Arbeitgeber auf eine „sachbezogen objektivierte Entscheidung über seine Bewerbung" anerkannt werden[285], so folgt aus der Bedeutung der positiven Wirkungsrichtung 2[286] im Rahmen des Art. 3 Abs. 2 GG gleichzeitig ein subjektiv-öffentlich-rechtlicher Anspruch der Rechtssubjekte auch im Privatrecht, Vorsorge für eine Verwirklichung des sich aus Art. 3 Abs. 2 GG ergebenden Rechtsgedankens zu treffen. Damit ist die Frage zu diskutieren, ob das Diktum der herrschenden Meinung, der in Art. 33 Abs. 2 GG verbriefte gleiche Zugang zu jedem öffentlichen Amte nach Eignung, Befähigung und fachlicher Leistung sei im Privatrecht unanwendbar[287], einem Erfül-

---

[284] *Maunz / Dürig / Herzog / Scholz*, Art. 12, Rz. 57.

[285] Vgl. *Maunz / Dürig / Herzog / Scholz*, Art. 12, Rz. 151.

[286] *Badura*, Peter, in: Festschrift für Berber, 1973, S. 11, 22; *Gamilschegg*, AcP 164 (1964), S. 385 ff., S. 417.

[287] Vgl. Pkt. I 2 dieser Arbeit.

4. Schadensersatz- bzw. Erfüllungsanspruch 91

lungsanspruch bei Verstoß gegen das Diskriminierungsverbot des Art. 3 Abs. 2 GG entgegensteht. Dem ist aber keineswegs so: Unabhängig von der Anwendbarkeit des Art. 33 Abs. 2 GG stellt das Nichtzustandekommen des Individualarbeitsvertrages aufgrund der unzulässigen Differenzierung nach dem Geschlecht einen Verstoß gegen den oben zitierten Anspruch auf eine „sachbezogenen objektivierte Entscheidung" dar.

a) Anspruch auf „sachbezogen objektivierte Entscheidung" und Kontrahierungszwang als Konkretionen des Regelungsvorbehalts aus Art. 12 Abs. 1 S. 2 GG

Der herrschenden Meinung ist zunächst zuzugeben, daß die Einräumung eines Erfüllungsanspruchs — d. h. eines Anspruchs auf Begründung des Arbeitsverhältnisses — eine klare Durchbrechung des Prinzips der Vertragsfreiheit im Sinne eines — dem Privatrecht durchaus geläufigen — Kontrahierungszwangs ist.

Dieser wird, abgesehen von gesetzlicher Normierung im Recht der Verträge mit Leistungsunternehmen der Öffentlichen Hand[288], bei der Innehabung von sogenannten Monopolstellungen der Versorgung mit lebenswichtigen Gütern angenommen[289], darüber hinaus auch dann, wenn die Ablehnung des Vertragsabschlusses einen (deliktischen) Schadensersatzanspruch, etwa aus § 826 BGB bzw. § 35 GWB, auslösen würde.[290]

Unabhängig von den in der Zivilistik noch durchaus streitigen Fragen, ob der Kontrahierungszwang einen sog. „Doppelanspruch" auf Abgabe des Angebots und vertragsgemäße Erfüllung[291] impliziere

---

[288] Vgl. *Maunz / Dürig / Herzog / Scholz*, Art. 12, Rz. 56.
[289] Für die Bundesbahn vgl. §§ 453 HGB und 3 EVO, für die Bundespost § 8 PostG, für Gas- und Elektrizitätswerke § 6 EnergiewirtschaftsG, für Personenbeförderungsunternehmen § 22 PBefG, für den Güterlinienverkehr § 90 GüKG, für Haftpflichtversicherer § 5 PflVG; für den kommunalen Bereich vgl. *Knemeyer*, Bayerisches Kommunalrecht, 5. Aufl., München 1985, Kap. 6 III, S. 173 ff. m. w. N.; vgl. im übrigen den Katalog bei *Kilian*, Kontrahierungszwang und Zivilrechtssystem, AcP 180 (1980), S. 47 ff., 53 f.
[290] Vgl. *Palandt*, 44. Aufl. 1985, Anm. 3 b vor § 145.
[291] Vgl. hierzu *Bydlinski*, Franz, Zu den Grundfragen des Kontrahierungszwanges, AcP 180 (1980), S. 1 ff., 10.

IV. Kontrahierungszwang und Quotenregelung

und ob die Anwendung der in den §§ 826 BGB, 35 GWB normierten Schadensersatzansprüche zur Begründung von Abschlußpflichten ohne das Tatbestandsmerkmal „Verschulden" erfolgen könne[292], besteht ohnedies „rechtssoziologisch betrachtet ... ein vielfältig abgestuftes Band direkter und indirekter Vertragszwänge"[293], in das der Kontrahierungszwang — verstanden mit *Kilian* als „Korrektiv für das marktbedingte Fehlen einer zumutbaren Handlungsalternative für den Begünstigten beim Vertragsschluß über wichtige Güter oder Leistungen"[294] — sozusagen eingewoben werden kann.

Gerade im Arbeitsrecht muß dem Kontrahierungszwang in Zeiten nicht nur saisonaler, sondern konjunktureller und struktureller Unterbeschäftigung eine besondere Bedeutung zukommen, die u. a. auch aus der als Staatszielbestimmung in § 1 StabG genannten Vollbeschäftigungspflicht resultiert. In Anbetracht der Tatsache, daß der Anteil von Frauen an den arbeitslosen Erwerbsfähigen besonders hoch ist[295], hat die Begründung eines Kontrahierungszwangs in Fällen der Differenzierung nach dem Geschlecht nicht nur die dogmatische Ableitung aus dem positiven Gestaltungsauftrag des Gesetzgebers im Sinne der vorerwähnten positiven Wirkungsrichtung 2, sondern

---

[292] Vgl. hierzu *Bydlinski*, Kontrahierungszwang (FN 291), S. 16 f., 25.

[293] Vgl. hierzu *dens.*, Kontrahierungszwang (FN 291), S. 13; so wohl die heutige herrschende Meinung.

[294] So zutreffend *Kilian*, Kontrahierungszwang (FN 289), S. 47 ff., 79.

[295] Seit 1971 läßt sich ein stetiges Anwachsen des Anteils weiblicher Erwerbsloser an den Arbeitslosen feststellen. Lagen arbeitslose Männer und Frauen in den Jahren 1961 bis 1966 noch gleichauf und war im Zeitraum 1967 bis 1970 ein prozentualer Rückgang der Frauenarbeitslosigkeit zu verzeichnen, so stieg diese ab 1971 kontinuierlich an:

	Absolut (in 1000)		Relativ (in %)	
	Männer	Frauen	Männer	Frauen
1971	101	84	0,7	1,1
1972	141	106	1,0	1,4
1973	150	124	1,0	1,5
1974	325	258	2,2	3,1
1975	623	452	4,3	5,4
1976	567	494	3,9	5,8

Zahlen nach *Langkau*, Jochem / *Langkau-Herrmann*, Monika, Federal Republic of Germany, in: Alice M. Yohalem (Hrsg), Women Returning to Work (FN 145), Tab. 2.3., S. 26.

4. Schadensersatz- bzw. Erfüllungsanspruch

darüber hinaus das Argument praktischer Relevanz im Sinne der Aufrechterhaltung der Wettbewerbsordnung für sich.

Dieser im Rahmen der Monopoljudikatur zu § 26 Abs. 2 GWB in ihren verschiedenen Entwicklungsstufen entfaltete Aspekt kann unbedenklich auf den Arbeitsmarkt übertragen werden, da auch auf diesem Sektor die Voraussetzungen für seine Anwendung angesichts der Verwertung der Arbeitskraft als Grundlage menschlicher Existenz gegeben sind. Ist für die Erfüllung des Tatbestands des § 26 Abs. 2 GWB nach herrschender Meinung eine Monopolstellung nicht mehr erforderlich, sondern eine gegenüber bestimmten Partnern marktstärkere Stellung hinreichend[296], so kommt es nur noch darauf an, ob die nach herrschender Meinung zu fordernde fehlende „Ausweichmöglichkeit"[297] hinsichtlich der Begründung des Arbeitsverhältnisses anzunehmen ist. Es bedarf hierbei gar nicht des rechtssoziologischen Konzepts der „bargaining power", um die unterschiedliche, zu Lasten des jeweiligen Arbeitnehmers gehende Rechtsmacht bei der Begründung von Arbeitsverhältnissen — nicht zuletzt in Perioden krisenhafter ökonomischer Entwicklung — zu konstatieren.[298] Der Begründung eines Erfüllungsanspruchs kraft Kontrahierungszwangs in Anwendung der Grundsätze aus den §§ 826 BGB, 26 Abs. 2 GWB steht damit nichts im Wege.[299]

---

[296] Vgl. *Bydlinski*, Kontrahierungszwang (FN 291), AcP 180 (1980), S. 31.

[297] Vgl. *dens.*, Kontrahierungszwang (FN 291), S. 41.

[298] Gegen diese Ungleichgewichtsthese vgl. *Zöllner*, Wolfgang, Privatautonomie und Arbeitsverhältnis, AcP 176 (1976), S. 221 ff., 229 ff.

[299] Dies geht über die von *Richardi* (JZ 1978, S. 485) und *Zöllner* (AcP 176 [1976], S. 221 ff., 231 sowie Verhandlungen des 52. DJT, Wiesbaden 1978, Bd. I, Gutachten, München 1978, D 70 ff.) vorgeschlagenen verschärften Abschlußpflichten für marktstarke Unternehmen hinaus (ablehnend hierzu: *Simitis*, Sitzungsbericht M zum 52. DJT, München 1978, M 25 f., der auf die Argumente verweist, die den Gesetzgeber veranlaßt hätten, den Arbeitsmarkt ausdrücklich aus dem Geltungsbereich des GWB herauszunehmen und in dem von den organisierten Arbeitnehmern gestalteten und getragenen Tarifvertrag das adäquate Mittel für die Regelung der Arbeits- und Wirtschaftsbedingungen zu sehen (a.a.O., S. 26); vgl. demgegenüber jedoch § 2 b des bei Simitis zitierten Gesetzentwurfs der Senatoren Humphrey, Javitz und Kennedy über „Vollbeschäftigung und gleichgewichtiges Wachstum" vom März 1976 (94. Congress, 2. Session, S. 50) sowie den Kommissionsentwurf für ein Arbeitsgesetzbuch, Bonn 1977, S. 18 f. (Art. 3 Abs. 4 Satz 2).

7 Hofmann

Die Normierung eines solchen Erfüllungsanspruchs als Regelungsvorbehalt im Sinne von Art. 12 Abs. 1 Satz 2 GG aufgrund der sich aus Art. 3 Abs. 2 GG ergebenden positiven Wirkungsrichtung 2 einerseits, als Konsequenz des auch und gerade im Arbeitsrecht bei einem Verstoß gegen Art. 3 Abs. 2 GG zu fordernden Kontrahierungszwangs andererseits stellt somit eine zulässige Konkretisierung des Einstellungsermessens des Arbeitgebers, d. h. seines Grundrechts auf Berufsausübung im Sinne von Art. 12 Abs. 1 Satz 1 GG dar, die der Forderung eines verhältnismäßigen Ausgleichs der inmitten liegenden Grundrechtspositionen aus Art. 12 Abs. 1 Satz 1 und Art. 3 Abs. 2 GG Rechnung trägt. Dieser Ausgleich erfordert zur Aufrechterhaltung der Vertragsordnung eine „Richtigkeitsgewähr", die es im allgemeinen verbietet, „sachfremde Erwägungen, etwa persönliche Vorlieben und Abneigungen oder politische Phantastereien, durchgreifen zu lassen".[300]

b) Erfüllungs- und Schadensersatzanspruch als Ausformungen der Sozialbindung nach Art. 14 Abs. 2 GG

Sind somit Erfüllungsanspruch — und argumento a maiore ad minus Schadensersatzanspruch bei Nichtzustandekommen eines Individualarbeitsvertrags — zulässige Regelungsvorbehalte im Sinne von Art. 12 Abs. 1 Satz 2 GG, so kommt ein Verstoß gegen Art. 14 Abs. 1 GG ebenfalls nicht in Frage, da eine Konkretisierung der Sozialbindung vorliegt.[301]

---

[300] So *Bydlinski*, Kontrahierungszwang (FN 291), AcP 180 (1980), S. 35.

[301] Von der hier vertretenen Position ausgehend, erscheinen die bereits bestehenden, z. T. gesetzlich normierten Einzelfälle des arbeitsrechtlichen Kontrahierungszwangs — Einstellung eines ehemaligen Amtsträgers gem. §§ 78 a BetrVerfG, 9 BPVertrG, Wiedereinstellung Schwerbehinderter und Schwangerer nach suspendierender Abwehraussperrung (vgl. *Grünhage*, Jochen, Die Pflicht des Arbeitgebers zur Einstellung und Wiedereinstellung von Arbeitnehmern, Diss. jur., Göttingen 1965, 2. Hauptteil, 1. Abschn., S. 104 ff. sowie BAGE 23, 484 ff., 505) und nach unbegründeter Verdachtskündigung sowie bei den entsprechenden Regelungen in Tarifverträgen (§ 4 TVG) und Betriebsvereinbarungen (§ 88 BetrVerfG) — lediglich als leges speciales des allgemeinen, für die Fälle eines Verstoßes gegen Art. 3 Abs. 2 GG bestehenden Kontrahierungszwanges. Dieser kollidiert nicht mit der zu Art. 3 Abs. 1 GG bestehenden herrschenden Meinung, die die Ableitung eines Kontrahierungszwangs aus Art. 3 Abs. 1 GG strikt und durchgängig ablehnt (vgl. hierzu *Grünhage*, a.a.O., 1. Hauptteil, 2. Abschn., G,

5. Absolute und relative Quotenregelungen als zulässiger Regelungsvorbehalt nach Art. 12 Abs. 1 S. 2, 14 Abs. 1, 2 GG

Schwierigeres dogmatisches Terrain betreten wir mit der Frage, ob die Normierung absoluter bzw. relativer (d. h. disponibler) Quoten für das Verhältnis männlicher und weiblicher Beschäftigter durch die Regelungsvorbehalte der Art. 12 und 14 GG gedeckt sind. Die ganz überwiegende Meinung hält Quotenregelungen nur in „äußerst engen Grenzen für statthaft"[302], so daß lediglich abdingbare Quoten im Sinne etwa des § 4 Abs. 1 SchwerbehindertenG für zulässig erachtet werden, dessen Verfassungsmäßigkeit vom Bundesverfassungsgericht in der Entscheidung vom 26. 5. 1981[303] konstatiert wurde.

Quotenregelungen — seien sie nun absoluter oder aber relativer Natur — sind Regelungen auf der Ebene der Berufsausübung[304] und daher zulässig, wenn sie durch vernünftige Gründe des Gemeinwohls gerechtfertigt erscheinen, als Mittel zur Erreichung des ver-

---

S. 73 ff.; aber auch S. 79). Weiterhin *Bydlinski*, Kontrahierungszwang (FN 291), AcP 180 (1980), S. 32 f.; *Salzwedel*, Jürgen, Gleichheitssatz und Drittwirkung, in: Festschrift für Jahrreiß, 1964, S. 339 ff., der interessanterweise die Relevanz von Art. 3 Abs. 2 GG völlig negiert, wohl zurückgehend auf *Leisner*, Walter, Grundrechte und Privatrecht = Münchener öffentlichrechtliche Abhandlungen, Bd. 1, München 1960, der zwar einerseits meint, eine Differenzierung nach Art. 3 Abs. 2 GG könne im Arbeitsrecht „getrost völlig verboten" werden (S. 275), andererseits aber ebenfalls keine unmittelbare praktische Relevanz sieht, da „der umfangreiche Streit (um die Gleichberechtigung der Geschlechter) ... durch die wachsende Anerkennung der Gleichwertigkeit der Frauenarbeit in der modernen Gesellschaft ..." entschärft werde (a.a.O., S. 276).

[302] *Maunz / Dürig / Herzog / Scholz*, Art. 12 Abs. 2, Rz. 54.

[303] NJW 1981, S. 2107.

[304] Mit *Schmitt Glaeser* (Die Sorge des Staates um die Gleichberechtigung der Frau, DÖV 1982, S. 381 ff., 385) ist zwischen sogenannten influenzierenden und imperativen Quotenregelungen zu unterscheiden; erstere sind gekennzeichnet durch den „Einsatz abgestufter Mittel", d. h. „vornehmlich mit Anreizen und Begünstigungen in Gestalt von Subventionen, Kreditsicherungen, Auftragszusagen, Abschreibungsmöglichkeiten"; letztere sind gekennzeichnet durch den „Einsatz hoheitlicher Befehls- und Zwangsgewalt"; im folgenden werden nur diese imperativen Quotenregelungen interessieren. Vgl. hierzu auch *Gitter*, Wolfgang, Gleichberechtigung der Frau: Aufgaben und Schwierigkeiten, NJW 1982, S. 1567 ff.; *Coester-Waltjen*, Dagmar, Zielsetzung und Effektivität eines Antidiskriminierungsgesetzes, ZRP 1982, S. 217 ff.

folgten Zwecks geeignet und erforderlich sind und die Beschränkung der Betroffenen zumutbar ist.[305]

Die Beurteilung der Geeignetheit und Erforderlichkeit hat auszugehen von dem rechtstatsächlichen Befund, wie er sich in jüngeren Untersuchungen im Bereich der öffentlichen Verwaltung niederschlägt.[306] Frauen sind in den einzelnen Funktionsbereichen der Verwaltung, in Laufbahn- und Besoldungsgruppen, Aufstiegslehrgängen, Aufstiegspositionen und leitenden Funktionen nicht ihrem Bevölkerungsanteil entsprechend vertreten.[307] Überrepräsentiert sind sie vor allem in sozialen, pflegerischen und erzieherischen Bereichen, in der Laufbahngruppe des mittleren Dienstes sowie in den Besoldungsgruppen A 8 und A 10, während in die Besoldungsgruppe A 11 nur 29,3 % Frauen gegenüber 44,8 % Männern, in die Besoldungsgruppe A 12 1,7 % Frauen gegenüber 8,9 % Männern eingestuft sind.[308]

Dieser statistisch erfaßbare Sachverhalt ist gewissermaßen die Resultante aus der Unterrepräsentation in beförderungsrelevanten Altersgruppen infolge vorzeitigen Ausscheidens durch Heirat oder Geburt von Kindern[309] und bei der Teilnahme an Lehrgängen für den Verwaltungsdienst (als Voraussetzung für die Absolvierung von Aufstiegs- und Laufbahnprüfungen[310]) — dies, obwohl der Anteil von Frauen mit Abitur in den Befragtengruppen der (noch) im öffentlichen Dienst Beschäftigten bzw. (bereits) Ausgeschiedenen bzw. Be-

---

[305] Diese Formulierung kann als die allgemeinste Fassung des sogenannten Schrankenvorbehalts in Art. 12 Abs. 1 GG betrachtet werden.

[306] Vgl. etwa Gesellschaft für Wohnungs- und Siedlungswesen mbH. (Hrsg.), Chancengleichheit von Frauen und Männern im öffentlichen Dienst in Hamburg. Untersuchung im Auftrag der Freien und Hansestadt Hamburg — Leitstelle Gleichstellung der Frau. Endbericht Hamburg 1980; für die DDR vgl. *Gast*, Gabriele, Die politische Rolle der Frau in der DDR, Düsseldorf 1973 sowie *Meyer*, Der lange Weg zur Parität (FN 145), Deutschlandarchiv 19 (1985), S. 294 ff., insbes. Tab. 2, 3, S. 306 ff.

[307] Vgl. GEWOS, Chancengleichheit von Frauen und Männern (FN 306), S. 10 sowie Tab. 2, S. 34 und 3, S. 35.

[308] Vgl. GEWOS, Chancengleichheit von Frauen und Männern (FN 306), S. 67 sowie Tab. 16, S. 66; für die Verteilung auf die Laufbahngruppen A 5 bis A 9 vgl. Tab. 7, S. 45 und 9, S. 47.

[309] Vgl. GEWOS, Chancengleichheit von Frauen und Männern (FN 306), Tab. 14, S. 63.

[310] Vgl. GEWOS, Chancengleichheit von Frauen und Männern (FN 306), Tab. 19, S. 73.

5. Absolute und relative Quotenregelungen

urlaubten höher ist als der Anteil der Männer.[311] Die beobachtete Disproportion in der Verteilung nach Laufbahn- und Besoldungsgruppen kann — in Übereinstimmung mit der Selbsteinschätzung der Befragten — trotz der vom Gesetz allein als zulässig erachteten Kriterien der Leistung, Eignung und Befähigung nur darauf zurückzuführen sein, daß bei gleicher Qualifikation das Dienstalter und der „soziale Aspekt" häufig ausschlaggebend sind, so daß „der verheiratete Mann mit Kindern einer ledigen Frau oder einem ledigen Mann vorgezogen wird, diese wiederum der verheirateten Frau mit erwerbstätigem Mann. Einerseits soll der Mann als „Familienvater" in den Vorteil einer höheren Besoldungsgruppe kommen, andererseits hat die Frau als „Doppelverdienerin" ein höheres Gehalt „nicht nötig".[312]

Imperative Quotierungen sind zweifellos ein geeignetes Mittel, um der Diskriminierung von Frauen zu steuern; die Prüfung der Erforderlichkeit hat ins Kalkül zu ziehen, inwieweit nicht influenzierende Quotenregelungen oder andere gesellschaftliche Maßnahmen gleichermaßen geeignet sind, die faktische Ungleichbehandlung zu beseitigen. Die hierbei anzustellende Prognose steht hinsichtlich der äquivalenten Geeignetheit influenzierender Regelungen vor dem Problem, daß es solche — vergleichbar etwa i. S. v. § 4 Abs. 1 SchwbehG — bis dato nicht gibt. Bezüglich gesellschaftspolitischer Maßnahmen ist freilich die Aussage zulässig, daß der influenzierenden Quotenregelungen abgehende Verpflichtungscharakter die objektive Prognose trägt, der Effekt solcher Regelungen werde hinter dem tatsächlichen Erfolg imperativer Maßnahmen zurückbleiben. Schon unter diesem Aspekt kann die gesetzgeberische Entscheidung für imperative Festschreibungen nicht offensichtlich fehlsam und damit verfassungswidrig sein.

Der im Rahmen der Proportionalitätsprüfung — Zweck-Mittel-Relation — vorzunehmende Abgleich zwischen dem zu fördernden Gemeinwohlinteresse und der rechtlichen Beeinträchtigung der Betroffenen hat wiederum in einer bloßen Vertretbarkeitskontrolle zu bestehen. Da das Bundesverfassungsgericht in diesen Fällen von der

---

[311] Vgl. GEWOS, Chancengleichheit von Frauen und Männern (FN 306), Tab. 18, S. 70.
[312] GEWOS, Chancengleichheit von Frauen und Männern (FN 306), S. 14.

Einschätzung der Verhältnisse durch den Gesetzgeber bei der Vorbereitung des Gesetzes ausgeht[313], diese im gegenwärtigen Zeitpunkt nur den Schluß zulassen, der aus Art. 3 Abs. 2 GG ergebende Gesetzgebungsauftrag sei bzgl. gleicher Repräsentation der Geschlechter nicht erfüllt, begegnete die Einführung imperativer Quotenregelungen — auch hinsichtlich der Ausgestaltung privatrechtlicher Arbeitsverträge — keinen durchgreifenden verfassungsrechtlichen Bedenken.

6. Die verfassungsrechtliche Zulässigkeit straf- bzw. ordnungswidrigkeitsrechtlicher Bewehrung von Verstößen gegen Antidiskriminierungsvorschriften

Das Problem der verfassungsrechtlichen Zulässigkeit der hoheitlichen Sanktionierung von Verstößen gegen Antidiskriminierungsvorschriften durch die Ahndung als strafrechtliche Vergehen oder Ordnungswidrigkeiten hat sich an den Vorgaben zu orientieren, die insbesondere im sog. Fristenlösungsurteil des Bundesverfassungsgerichts[314] entwickelt worden sind. Auszugehen ist vom grundsätzlichen Vorrang der — sozialpolitischen und fürsorgerischen[315] — Prävention vor der Repression. „Was hier geschehen kann und wie die Hilfsmaßnahmen im einzelnen auszugestalten sind, bleibt weitgehend dem Gesetzgeber überlassen und entzieht sich im allgemeinen verfassungsgerichtlicher Beurteilung."[316] Da die zu Zwecken des Rechtsgüterschutzes eingesetzte Strafnorm gewissermaßen „ultima ratio" des gesetzgeberischen Instrumentariums darstellt[317], kommt es im Rahmen einer Gesamtbetrachtung entscheidend darauf an, ob die Gesamtheit der dem Schutz des betroffenen Rechtsguts dienenden Maßnahmen, „seien sie bürgerlich-rechtlicher, öffentlich-rechtlicher, insbesondere sozialrechtlicher oder strafrechtlicher Natur, einen die Bedeutung des zu sichernden Rechtsgutes entsprechenden tatsächlichen Schutz gewährleistet".[318]

---

[313] BVerfGE 25, 1, 12 f.
[314] BVerfGE 39, 1 ff.
[315] BVerfGE 39, 1, 44 ff.
[316] BVerfGE 39, 1, 44.
[317] BVerfGE 39, 1, 47.
[318] BVerfGE 39, 1, 46.

6. Straf- bzw. ordnungswidrigkeitsrechtliche Bewehrung

Daraus erhellt, daß das gesetzgeberische Ermessen dadurch eindeutig determiniert ist, daß die Gesamtheit der bestehenden rechtlichen Vorkehrungen unter Beachtung der Sensibilität des zu schützenden Rechtsgutes und der tatsächlichen Gefahrenlage geeignet sein muß, den erforderlichen Schutz zu gewährleisten; unter bestimmten Voraussetzungen — bei gesteigerter Gefährdungslage und verfassungsrechtlich hohem Rang des auf dem Spiele stehenden Rechtsgutes — kann daher das Auswahlermessen des Gesetzgebers auf eine einzige „praktisch wirksame Form des Schutzes schrumpfen und damit etwa von Verfassungs wegen geboten sein, die Strafgewalt einzusetzen — dann nämlich, wenn der effektive Schutz auf andere Weise nicht zu erreichen ist".[319] Daß die Dinge im vorliegenden Fall nicht so liegen wie bei dem vom Bundesverfassungsgericht zu entscheidenden Problem der strafrechtlichen Bewehrung des Schwangerschaftsabbruchs, ergibt sich zum einen daraus, daß das betroffene Rechtsgut „Leben" in seiner verfassungsrechtlichen Wertigkeit eindeutig Vorrang vor allen anderen grundrechtlichen Verbürgungen, mithin auch vor dem Gleichberechtigungsgebot genießt, zum anderen aus der Tatsache, daß eine soeben abgehandelte Fassung der Antidiskriminierungsnormen — arbeits- und dienstrechtliche Benachteiligungsverbote mit verbürgtem Anspruch auf das positive Interesse bei trotzdem erfolgter Benachteiligung, imperative Quotenregelungen — hinreichende Vorsorge für eine Verwirklichung des Gleichberechtigungsgebots darstellt. Eine strafrechtliche Sanktionierung oder die Ahndung von Verstößen als Ordnungswidrigkeiten scheidet daher von Verfassungs wegen aus.

---

[319] *Isensee*, Josef, Das Grundrecht auf Sicherheit. Zu den Schutzpflichten des freiheitlichen Verfassungsstaates (Schriftenreihe der Juristischen Gesellschaft e. V. Berlin, Heft 79), Berlin/New York 1983, S. 40.

Literaturverzeichnis

Adomeit, Klaus: Gleichbehandlung von Mann und Frau bei Einstellung von Arbeitnehmern, DB 1980, S. 23, 88 ff.

Anschütz, Gerhard: Die Verfassung des Deutschen Reiches. Ein Kommentar für Wissenschaft und Praxis, 14. Aufl., Berlin 1933

Arnold, Egon: Angewandte Gleichberechtigung im Familienrecht, Berlin und Frankfurt 1954

Becker, Carl: The Declaration of Independence. A Study in the History of Political Ideas, New York 1953

Beitzke, Günther: Gleichheit von Mann und Frau, in: Neumann, Franz / Nipperdey, Hans-Carl / Scheuner, Ulrich (Hrsg.), Die Grundrechte, Bd. II, Berlin 1954, S. 199 ff.

Binder-Wehberg, Friedlind: Ungleichbehandlung von Mann und Frau, Berlin 1970

Büchner, Lutz Michael: Die beamtenrechtliche Stellung der Frau seit 1919, RiA 1983, S. 2 ff.

Brorsen, Walter: Die Verfassungen der Erde in deutscher Sprache nach dem jeweils neuesten Stande, Bd. 1, Tübingen 1950

Bydlinski, Franz: Zu den Grundfragen des Kontrahierungszwanges, AcP 180 (1980), S. 1 ff.

Coester-Waltjen, Dagmar: Zielsetzung und Effektivität eines Antidiskriminierungsgesetzes, ZRP 1982, S. 217 ff.

Dix, Alexander: Erfahrungen mit dem britischen Sex-Discrimination-Act von 1975, in: Posser, Dieter / Wassermann, Rudolf (Hrsg.), Von der bürgerlichen zur sozialen Rechtsordnung, Heidelberg 1981, S. 111 ff.

Dürig, Günter: Art. 3 Abs. 2 GG — vom verfassungsrechtlichen Standpunkt gesehen, FamRZ 1954, S. 2 ff.

— Grundrechte und Privatrechtsordnung, in: Vom Bonner Grundgesetz zur gesamtdeutschen Verfassung, Festschrift für Hans Naviasky, München 1956, S. 157 ff.

Dürig, Günter / *Walther,* Rudolf (Hrsg.): Texte zur Deutschen Verfassungsgeschichte, München 1967

Duguit, Léon / *Monnier,* Henry: Le Constitution et les Principales Lois Politiques de la France depuis 1789, Paris 1898

Eich, Rolf-Achim: Das Gesetz über die Gleichbehandlung von Männern und Frauen am Arbeitsplatz, NJW 1980, S. 2329 ff.

Franke, Jörg: Das Wesen der Frankfurter Grundrechte von 1848/49 im System der Entwicklung der Menschen- und Grundrechte, Diss. jur., Koblenz 1970

Frauengruppe Faschismusforschung (Hrsg.): Mutterkreuz und Arbeitsbuch. Zur Geschichte der Frauen in der Weimarer Republik und im Nationalsozialismus, Frankfurt 1981

Friauf, Karl-Heinrich: Gleichberechtigung der Frau als Verfassungsauftrag. Besteht eine positive Verpflichtung des Staates, die in Art. 3 Abs. 2 GG grundrechtlich gewährleistete Gleichberechtigung der Frau in den verschiedenen Lebensbereichen durch aktive Förderung und Unterstützung zu ermöglichen und zu sichern? Rechtsgutachten, erstattet im Auftrag des Bundesministeriums des Innern (Schriftenreihe des Bundesministeriums des Innern, Bd. 11), Stuttgart - Berlin - Köln - Mainz 1981

Garbe-Emden, Kristina: Gleichberechtigung durch Gesetz — Ziele, Ausgestaltung und verfassungsrechtliche Probleme eines Antidiskriminierungsgesetzes, Diss. jur., Hannover 1984

Gitter, Wolfgang: Welche rechtlichen Maßnahmen sind vordringlich, um die tatsächliche Gleichstellung der Frau mit den Männern im Arbeitsleben zu gewährleisten? Teilgutachten Sozialrecht, Verhandlungen des 50. DJT, Bd. I, München 1974, S. D 109 ff.

— Gleichberechtigung der Frau: Aufgaben und Schwierigkeiten. Eine Erörterung von Überlegungen über ein „Antidiskriminierungsgesetz", NJW 1982, S. 156 ff.

Grabitz, Eberhard: Der Grundsatz der Verhältnismäßigkeit in der Rechtsprechung des Bundesverfassungsgerichts, AöR 98 (1973), S. 568 ff.

Grünhage, Jochen: Die Pflicht des Arbeitgebers zur Einstellung und Wiedereinstellung von Arbeitnehmern, Diss. jur., Göttingen 1965

Hägermann, Gustav: Die Erklärung der Menschen- und Bürgerrechte in den ersten amerikanischen Staatsverfassungen, Diss. phil., Berlin 1910

Hagemeyer, Maria: Das Familienrecht seit dem 1. April 1953, NJW 1953, S. 601 ff.

Hanau, Peter: Die umgekehrte Geschlechtsdiskriminierung im Arbeitsleben, in: Festschrift für Wilhelm Herschel, München 1982, S. 191 ff.

Hesse, Konrad: Grundzüge des Verfassungsrechts der Bundesrepublik Deutschland, 14. Aufl., Heidelberg - Karlsruhe 1984

Hoffmann-Bludau: Das Gleichberechtigungsgebot im Arbeits- und Sozialversicherungsrecht (Veröffentlichung des Forschungsinstituts der Friedrich-Ebert-Stiftung), Bonn - Bad Godesberg 1972

Hofmann, Jochen: Die Entwicklung der Gleichberechtigung von Mann und Frau in der Bundesrepublik Deutschland und in der DDR, in: Frauendorf, Lutz (Hrsg.), Die Stellung der Frau im sozialen Rechtsstaat. Referate auf der 22. Tagung der wissenschaftlichen Mitarbeiter der Fachrichtung „Öffentliches Recht" in Tübingen vom 22. - 26. Februar 1982

(Werkhefte der Universität Tübingen, Reihe C: Rechtswissenschaft, Nr. 2), Tübingen 1982, S. 1 ff.

Hohmann-Dennhardt, Christine: Antidiskriminierungsgesetz kontra Grundgesetz, ZRP 1979, S. 241 ff.

Immler: Die Frau im Betrieb, Stuttgart 1958

Isensee, Josef: Das Grundrecht auf Sicherheit. Zu den Schutzpflichten des freiheitlichen Verfassungsstaates (Schriftenreihe der Juristischen Gesellschaft e. V., Berlin, Heft 79), Berlin - New York 1983

Janssen-Jureit, Marielouise: USA: Gemeinsamer Kampf von Frauen und Minderheiten. Haben die Bürgerrechtsgesetze Amerika verändert? in: Janssen-Jureit, Marielouise (Hrsg.), Frauenprogramm, Hamburg 1979, S. 268 ff.

Jellinek, Walter: Zur Gleichberechtigung der Geschlechter im Beamtenrecht, AöR 76 (1950), S. 137 ff.

Kaiser, Marianne (Hrsg.): Wir wollen gleiche Löhne! Dokumentation zum Kampf der 29 „Heinze-Frauen", Reinbek b. Hamburg 1980

Kapitain: Die Frauenbeschäftigung in Deutschland nach dem 2. Weltkrieg, Diss. rer. oec., Frankfurt a. M. 1950

Kilian: Kontrahierungszwang und Zivilrechtssystem, AcP 180 (1980), S. 47 ff.

Kirner: Ursachen für die Unterschiede in der Höhe der Versichertenrenten an Frauen und Männer in der gesetzlichen Rentenversicherung, 1980

Kittner, Michael: Arbeits- und Sozialordnung. Ausgewählte und eingeleitete Gesetzestexte, 11. Aufl., Köln 1986

Klinksiek, Dorothee: Die Frau im NS-Staat (Schriftenreihe der Vierteljahreshefte für Zeitgeschichte, Bd. 44), Stuttgart 1982

Knigge, Arnold: Gesetzliche Neuregelung der Gleichbehandlung von Männern und Frauen am Arbeitsplatz, DB 1980, S. 1272 ff.

Koffka, Else: Zum Gesetzentwurf der Bundesregierung über „Gleichberechtigung von Mann und Frau", JR 1953, S. 3 ff.

Krebs, Edith: Gleichberechtigung der Frau im Arbeitsleben —. Österreich, in: Posser, Dieter / Wassermann, Rudolf (Hrsg.), Von der bürgerlichen zur sozialen Rechtsordnung, Heidelberg 1981, S. 101 ff.

Krüger, Hildegard: Die Nichtverwirklichung der Gleichberechtigung im Regierungsentwurf zur Familienrechtsreform, JZ 1952, S. 613 ff.

Krüger, Hildegard / *Breetzke*, Ernst / *Nowack*, Kuno: Gleichberechtigungsgesetz. Kommentar, München und Berlin 1958

Kuhn, Anette / *Schubert*, Doris (Hrsg.): Frauenalltag und Frauenbewegung im 20. Jahrhundert. Materialsammlung zu der Abteilung 20. Jahrhundert im Historischen Museum Frankfurt, Frankfurt a. M. 1980

Larenz, Karl: Methodenlehre der Rechtswissenschaft, 4. Aufl., Berlin - Heidelberg - New York 1979

Langkau, Jochem / *Langkau-Herrmann*, Monika: Federal Republic of Germany, in: Yohalem, Alice M. (Hrsg.), Women Returning to Work. Policies and Progress in 5 Countries (= Conservation of Human Resources Series, Bd. 12), Montclair/New Jersey 1980, S. 24 ff.

Leibholz, Gerhard: Die Gleichheit vor dem Gesetz, 1. Aufl., München 1925 (2. erw. Aufl., München 1959)

Leisner, Walter: Grundrechte und Privatrecht (Münchner öffentlich-rechtliche Abhandlungen, Bd. 1), München 1960

Liebs, Detlef: Römisches Recht. Ein Studienbuch, Göttingen 1975

Löwisch, Manfred: Welche rechtlichen Maßnahmen sind vordringlich, um die tatsächliche Gleichstellung der Frau mit den Männern im Arbeitsleben zu gewährleisten? Arbeitsrechtliches Teilgutachten, Verhandlungen des 50. DJT, Bd. I, München 1974, S. D 11 ff.

Löwisch, Manfred / *Meier-Rudolph*, Wolfgang: Das Recht des eingerichteten und ausgeübten Gewerbebetriebs in der Rechtsprechung des BGH und des BAG, JuS 1982, S. 237 ff.

Lorenz, Martin: Gesetz über die Gleichbehandlung von Männern und Frauen am Arbeitsplatz und über die Erhaltung von Ansprüchen bei Betriebsübergang, DB 1980, S. 1745 ff.

Maier, Irene: Die Gleichberechtigung der Frau im Arbeitsleben, NJW 1974, S. 1685 ff.

Mason, Timothy W.: Zur Lage der Frauen in Deutschland 1930 - 1940, in: Gesellschaft. Beiträge zur Marxschen Theorie, Bd. 6, Frankfurt a. M. 1976, S. 118 ff.

Mayer-Maly, Theo: Die Frauengleichbehandlung als Thema der arbeitsrechtlichen Gesetzgebung in Deutschland und Österreich, in: Festschrift für Wilhelm Herschel, München 1982, S. 197 ff.

Mengel, Hans-Joachim: Maßnahmen „positiver Diskriminierung" und Grundgesetz, JZ 1982, S. 530 ff.

Mennel, Annemarie: Welche rechtlichen Maßnahmen sind vordringlich, um die tatsächliche Gleichstellung der Frau mit den Männern im Arbeitsleben zu gewährleisten? Steuerrechtliches Teilgutachten, Verhandlungen des 50. DJT, Bd. I, München 1974, S. D 163 ff.

Norden, Fritz: Apulejus von Madaura und das Römische Privatrecht, Leipzig 1912 (Neudruck Aalen 1974)

Ochmann, Albert: Diebstahlsdelikte von Frauen und ihre Ursachen, Hamburg 1965

Pabst, Franziska / *Slupik*, Vera: Die geschlechtsneutrale Arbeitsplatzausschreibung gem. § 611 b BGB. Zur Wirksamkeit arbeitsrechtlicher Soll-Vorschriften am Beispiel des Anzeigenmarktes für juristische Berufe, ZRP 1984, S. 178 ff.

Pfarr, Heide: Herstellung und Sicherung von Chancengleichheit durch Recht — dargestellt am Beispiel der Frauen, in: Hassemer, Wilfried /

Hoffmann-Riem, Wolfgang / Limbach, Jutta (Hrsg.), Grundrechte und soziale Wirklichkeit (Schriften der Vereinigung für Rechtssoziologie, Bd. 6), Baden-Baden 1982, S. 74 ff.

Pross, Helge: Gleichberechtigung im Beruf? Eine Untersuchung mit 7000 Arbeitnehmerinnen in der EWG, Frankfurt a. M. 1973

Ratke, Olaf / *Rathert*, Wilhelm: Gleichberechtigung?, Frankfurt a. M. 1964

Reich-Hilweg, Ines: Männer und Frauen sind gleichberechtigt. Art. 3 Abs. 2 GG in der parlamentarischen Auseinandersetzung 1948 - 1957 und in der Rechtsprechung des Bundesverfassungsgerichts 1953 - 1975, Frankfurt a. M. 1979

Renger, Annemarie: Gleiche Chancen für Frauen? Berichte und Erfahrungen in Briefen an die Präsidentin des Deutschen Bundestages, Heidelberg - Karlsruhe 1977

Rohmert, Wilhelm / *Rutenfranz*, Joachim: Arbeitswissenschaftliche Beurteilung der Belastung und Ansprüche an unterschiedlichen industriellen Arbeitsplätzen, Bonn 1975

Sachs, Michael: Die Folgen der Unvereinbarkeit des Hausarbeitstagsanspruchs für Frauen mit dem Grundgesetz, FamRZ 1982, S. 981 ff.

Säcker, Franz-Jürgen: Welche rechtlichen Maßnahmen sind vordringlich, um die tatsächliche Gleichstellung der Frau mit den Männern im Arbeitsleben zu gewährleisten? Verhandlungen des 50. DJT, Bd. II, München 1974, S. L 9 ff.

Salander, Gustav Adolf: Vom Werden der Menschenrechte. Ein Beitrag zur modernen Verfassungsgeschichte unter Zugrundelegung der Virginischen Erklärung der Rechte vom 12. Juni 1776 (Leipziger Rechtswissenschaftliche Studien, Bd. 19), Diss. jur., Leipzig 1926

Salzwedel, Jürgen: Gleichheitssatz und Drittwirkung, in: Festschrift für Jahrreiss, München 1964, S. 339 ff.

Schmitt Glaeser, Walter: Die Sorge des Staates um die Gleichberechtigung der Frau, DÖV 1982, S. 382 ff.

— Abbau des tatsächlichen Gleichberechtigungsdefizits der Frauen durch gesetzliche Quotenregelung (Schriftenreihe des Bundesministeriums des Innern, Bd. 16), Stuttgart - Berlin - Köln - Mainz 1982

Schnur, Roman: Zur Geschichte der Erklärung der Menschenrechte, Darmstadt 1964

Schröder, Hannelore: Die Rechtlosigkeit der Frau im Rechtsstaat, Frankfurt - New York 1979

Schwanecke, Inge Beate: Die Gleichberechtigung der Frau unter der Weimarer Reichsverfassung, Diss. jur., Heidelberg 1977

Schweitzer, Michael: Zur neueren Entwicklung des Verhältnisses von EG-Recht und bundesdeutschen Grundrechten, JA 1982, S. 174 ff.

Tritz: Die Frauenerwerbsarbeit in der Bundesrepublik Deutschland (= Sozialpolitik in Deutschland, Bd. 5), Stuttgart 1961

Voigt, Alfred: Geschichte der Grundrechte, Stuttgart 1948

Warnat, Bernd: Gleichberechtigung von Männern und Frauen — Ist der Staat am Zuge? Aus Politik und Zeitgeschichte (Beilage zur Wochenzeitung „Das Parlament"), B 45/1981, S. 3 ff.

Zimmermann: Die Frau und die weibliche Erwerbstätigkeit in der industriellen Gesellschaft, Diss. rer. oec., Mannheim 1958

Zöllner, Wolfgang: Privatautonomie und Arbeitsverhältnis, AcP 176 (1976), S. 221 ff.

Anhang

Tabelle A[a]

Kinderzahl der im Erwerbsleben tätigen Frauen

	kein K	1 K	2 K	3 K
BRD	50	22	16	6
B	47	28	15	6
NL	69	9	11	5
I	57	18	15	6
L	69	16	16	3
F	42	24	17	8
Ø	55,6	19,5	14	5,7

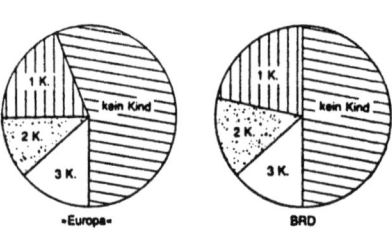

a) Angaben in %.

BRD = Bundesrepublik Deutschland
B = Belgien
NL = Niederlande
I = Italien
L = Luxemburg
F = Frankreich
Ø = Gesamtdurchschnitt

Zahlen ermittelt nach *Pross*, Gleichberechtigung im Beruf? (FN 92), S. 181 f.

Tabelle B

Dauer des Arbeitstages (in Stunden)

	<4	4-8	8	8-9	9	9-10	10-11	>11
BRD	3	23	43	15	5	2	1	1
B	2	14	37	25	14	1	1	2
NL	10	35	6	40	6	3	0	0
I	5	33	39	12	5	1	3	2
L	2	29	60	8	1	1	1	0
F	4	17	39	13	9	6	2	2
Ø	2,5	25,2	37,3	19	6,7	2,3	1,3	1,2

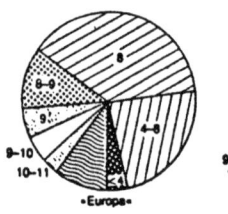 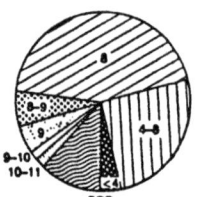

Anhang

*Tabelle C*a)

Leistung von Nachtarbeit

	ja	nein
BRD	5	88
B	6	93
NL	8	90
I	9	91
L	5	93
F	6	88
⌀	6,5	90,5

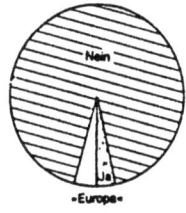 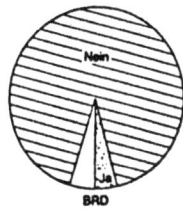

a) Angabe in %.

Tabelle D

Besorgung des Haushalts

	1	2	3	4	5	6	7	8
BRD	55	14	2	10	3	0	0	16
B	39	29	5	12	8	1	2	0
NL	35	12	3	20	0	15	0	0
I	31	3	6	24	31	0	5	0
L	31	14	3	9	36	0	2	0
F	53	14	5	13	9	0	2	0
⌀	40,6	14,3	6,0	14,6	14,5	2,6	1,8	2,6

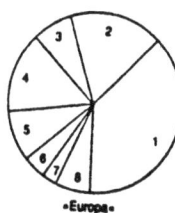 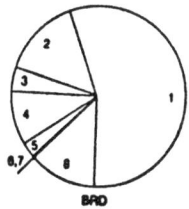

1 ♀
2 ♀ + ♂
3 ♀ + Hilfe
4 ♀ + Familienmitglied
5 Familienmitglied
6 ♂
7 andere
8 kein Haushalt

Zahlen ermittelt nach *Pross*, Gleichberechtigung im Beruf? (FN 92), S. 228.

Tabelle E a)

Lohn- und Gehaltshöhe der Frau nach Stufen 1 - 9

	1	2	3	4	5	6	7	8	9
BRD	1	11	35	37	21	4	0	0	0
B	5	38	36	11	2	1	0	0	0
NL	6	18	42	16	7	2	1	0	0
I	24	42	20	5	1	0	0	0	0
L	14	38	28	16	6	1	1	0	0
F	6	23	18	14	10	7	4	2	5
Ø	9,3	28,3	29,5	14,8	7,8	3,5	1,0	0,3	0,8

a) Angabe in %.

Zahlen ermittelt nach Pross, Gleichberechtigung im Beruf? (FN 92), S. 212 f.

Tabelle F a)

Lohn- und Gehaltshöhe der Frau nach Stufen 1 - 8 in % des Mannes/Freundes

	1	2	3	4	5	6	7	8
BRD	0	1	2	9	48	25	4	3
B	9	33	26	8	3	1	4	0
NL	2	3	18	29	13	8	3	1
I	6	27	24	8	2	3	1	4
L	0	14	36	28	10	1	1	1
F	—	—	—	—	—	—	—	—
Ø	3,4	15,6	23,2	16,4	15,2	7,6	2,0	1,6

a) Angabe in %.

Printed by Libri Plureos GmbH
in Hamburg, Germany